C.H.BECK ■ WISSEN
in der Beck'schen Reihe

Am 16. September 1180 wird auf dem Hoftag Kaiser Friedrichs I. Barbarossa im thüringischen Altenburg der Pfalzgraf Otto von Wittelsbach (1117–1183) mit dem Herzogtum Bayern belehnt. Diese Belehnung ist Teil einer der dramatischsten Geschichten, die das Mittelalter kennt. Mit dem Sturz Heinrichs des Löwen aus dem welfischen Haus, der dem Stauferkaiser zu mächtig, zu unbotmäßig geworden war, stehen die Reichslehen des Welfen zur Disposition. Das bayerische Herzogtum geht an einen treuen Gefolgsmann des Kaisers, an den Pfalzgrafen Otto von Wittelsbach. Für diese neue Aufgabe bringen die Wittelsbacher gute Voraussetzungen mit: großes Ansehen im Reich und im Land, ihre Herkunft aus dem bayerischen Stammesadel, ihren Hausbesitz im Kerngebiet des Herzogtums, ihre Ministerialen-Gefolgschaft, die darauf drängt, im Dienst des Landesherrn aufzusteigen, die ruhmreichen Taten Ottos als Pfalzgraf. So beginnt der Aufstieg der Wittelsbacher zu einem der bis in unsere Tage bedeutendsten europäischen Adelsgeschlechter. Die Geschichte des Hauses Wittelsbach hat Hans-Michael Körner in diesem Band knapp und konzise zusammengefaßt.

Hans-Michael Körner ist Professor für Didaktik der Geschichte an der Ludwig-Maximilians-Universität München. Die Bayerische Geschichte im 19. und 20. Jahrhundert sowie Bildungsgeschichte und Didaktik der Geschichte bilden Schwerpunkte seiner wissenschaftlichen Arbeit. Im Verlag C. H. Beck ist von demselben Autor lieferbar: *Geschichte des Königreichs Bayern* (2006).

Hans-Michael Körner

DIE WITTELSBACHER

Vom Mittelalter bis zur Gegenwart

Verlag C. H. Beck

Mit 14 Abbildungen und 10 Stammtafeln

Originalausgabe
© Verlag C. H. Beck oHG, München 2009
Gesamtherstellung: Druckerei C. H. Beck, Nördlingen
Umschlagabbildung: Das Wappen der Königlichen Familie.
Abdruck mit freundlicher Genehmigung der Verwaltung
des Herzogs von Bayern
Umschlagentwurf: Uwe Göbel, München
Printed in Germany
ISBN 978 3 406 56258 7

www.beck.de

Inhalt

Vorwort
7

Das Königliche Haus im Freistaat
11

Die Belehnung von 1180 und die Folgen
23

Die Zeit der Landesteilungen
29

Das Konfessionelle Zeitalter
39

Absolutismus, Barock und Aufklärung
53

Der Umbruch vom 18. auf das 19. Jahrhundert
73

Das Königreich Bayern
82

Literaturverzeichnis
113

Bildnachweis
115

Personenregister
117

Vorwort

Die Wittelsbacher: Das sind zwei römische Kaiser, drei deutsche, drei schwedische, sechs bayerische Könige und zwei des Königreichs Bayern Verweser, das ist ein griechischer König, das ist ein ungarischer König und ein König von Dänemark, Schweden und Norwegen, das sind sieben bayerische, 22 pfälzische und acht geistliche Kurfürsten, das sind von 1180 bis zum Jahre 1870 (dem Erscheinungsjahr der genealogischen Tafeln von Christian Haeutle; vgl. Literaturverzeichnis) 853 namentliche Nennungen innerhalb der Gesamtfamilie, das sind allein 110 Nachfahren König Ludwigs I. bis heute und 18 Angehörige der Linie der Herzöge in Bayern bis zum Jahr 1965, das sind auch 24 Wittelsbacherinnen, die den Schleier nahmen – also ins Kloster gingen. Die Wittelsbacher: Das ist eine belegbare Familiengeschichte seit der Mitte des 11. Jahrhunderts, das sind 738 Jahre Herzöge, Kurfürsten und Könige von Bayern, das meint die Herrschaft in den pfälzischen Territorien seit 1214, und das sind auch noch 91 Jahre der Geschichte eines ehedem regierenden Hauses unter den Bedingungen des demokratisch-republikanischen Freistaats. Die Wittelsbacher: Das meint, und nicht zuletzt, die wittelsbachischen Prinzessinnen, die auf deutsche und europäische Throne gelangten. Die Liste der fürstlichen, königlichen und kaiserlichen Ehegatten reicht, allein wenn wir das 14./15. Jahrhundert hernehmen, von Friedrich von Meißen über Stephan von Ungarn, Ulrich von Württemberg und Johann von Burgund bis zu Jacob von Zypern, Karl VI. von Frankreich und Wenzel von Böhmen; und im 19./20. Jahrhundert sehen wir König Wilhelm I. von Württemberg, Kaiser Franz I. von Österreich, König Friedrich Wilhelm IV. von Preußen und Kaiser Franz Joseph I. von Österreich.

Die Frage, die der kundige Leser angesichts solcher Größenordnungen mit dem Autor teilt, kann nur darauf zielen, wie es denn auf etwas mehr als 100 Seiten möglich sein soll, dieser Fülle Herr zu werden. Angesichts dieses Dilemmas steht man vor der Alternative, entweder zu resignieren oder aber scharfe Schnitte zu riskieren; einen auch nur im Ansatz enzyklopädischen Anspruch, etwa nach Art eines biographischen Sammellexikons, wird man unbesehen beiseite zu legen haben. Das fällt jedoch nicht zuletzt deshalb vergleichsweise leicht, weil die Literatur zur bayerischen Geschichte sich heute – quantitativ wie qualitativ – auf einem Niveau bewegt, das, was nicht immer so war, den allermeisten Ansprüchen gerecht wird.

Dergestalt eher quantitative Überlegungen fügen sich in das pauschale und immer wieder zitierte Urteil, daß das Haus Wittelsbach unstrittig zu den bedeutendsten Dynastien nicht nur Deutschlands, sondern Europas zählt. Die Beschäftigung mit der Geschichte dieses Hauses ist deshalb weit mehr als die Vorliebe für ein lediglich bayerisch-regionalgeschichtliches Phänomen. Eine solche Feststellung trifft in zweifacher Hinsicht zu: Zum einen begegnen uns bei den wittelsbachischen Herrschern, die das Herzogtum, das Kurfürstentum und das Königreich Bayern regieren, Gestalten, die in ihrem politischen Wirken weit über den engeren bayerischen Umkreis hinausreichen. Das gilt für Ludwig den Bayern und seinen Kampf mit dem Papst, für Kurfürst Maximilian I. und, wenn auch unter den völlig veränderten Voraussetzungen der konstitutionellen Monarchie des 19. Jahrhunderts, noch für König Ludwig I. Zum anderen kann man die Geschichte des Hauses Wittelsbach gar nicht in den Blick nehmen, wenn man diesen ausschließlich auf Bayern beschränkt. Von den wittelsbachischen Prinzessinnen war die Rede, nachgeborene wittelsbachische Prinzen sind über zwei Jahrhunderte lang Erzbischöfe von Köln, Mitglieder einer pfälzischen Nebenlinie besetzen über drei Generationen den schwedischen Thron. Anders formuliert: Sicherlich haben die wittelsbachische und die bayerische Geschichte vieles gemeinsam, aber sie sind zu keinem Augenblick völlig deckungsgleich.

Die heutige gesellschaftliche Wahrnehmung monarchischer oder dynastischer Phänomene oszilliert in einer überaus merkwürdigen Weise zwischen reflexionsfreier Nostalgie, emotional aufgeladener Faszination und antiaristokratischer Häme. Es gibt durchaus Versteifungen eines republikanischen Credos, dem allein schon die Zuwendung zu Problemlagen der monarchischen Idee im 19. Jahrhundert suspekt oder abwegig erscheint. Und man kann beobachten, daß von der angeblichen Bedeutungslosigkeit heutiger Restformen des monarchischen Gedankens bedenkenlos auf die Realität früherer Jahrhunderte geschlossen wird.

Es ist offensichtlich, daß die Beschäftigung mit der Geschichte einer Dynastie, die in der Gegenwart noch präsent ist, von derartigen Unabwägbarkeiten in besonderer Weise betroffen ist; die Probleme erscheinen reduziert, wenn wir den Blick auf die abgeschlossen in der Vergangenheit ruhende Geschichte der Ottonen, der Salier, der Staufer richten!

Die Geschichte des Hauses Wittelsbach leidet, wenn man etwas zuspitzt, unter einer ganz besonderen Hypothek, nämlich unter der Gestalt des so bezeichneten «Märchenkönigs» Ludwig II., der zumindest für eine breitere Öffentlichkeit – und dies auch außerhalb Bayerns – den seriösen Blick auf die Geschichte der Dynastie Wittelsbach häufig verstellt, was zu ganz unsäglichen Identifikationen führt, die man erst beiseite räumen muß. Dann bleibt aber immer noch ein Thema von hoher Attraktivität, ja Popularität erhalten, dessen sich die folgenden Kapitel annehmen.

München, im Sommer 2009   *Hans-Michael Körner*

Das Königliche Haus im Freistaat

Am 25. November 2008 wurde dem Chef des Hauses Wittelsbach, S. K. H. Herzog Franz von Bayern, die Würde eines Ehrendoktors der Ludwig-Maximilians-Universität München verliehen. Der Bayerische Staatsminister für Wissenschaft, Forschung und Kunst und der Präsident der Universität begrüßten den Ehrendoktoranden unaufgeregt und in der Attitüde des Selbstverständlichen mit «Königliche Hoheit».

Der demokratisch-republikanische Freistaat hat, wenn man die Dinge nüchtern bilanziert, keine Probleme mit seiner wittelsbachischen Vergangenheit, im Gegenteil: Herkulessaal, Antiquarium und Kaisersaal der Münchner Residenz dienen den Repräsentationszwecken des Freistaats ebenso wie die Königsloge des Nationaltheaters, das Cuvilliés-Theater oder das Nymphenburger Schloß. Und gar nicht zu reden ist von den symbiotischen Verhältnissen zwischen der Staatsverwaltung, näherhin der Bayerischen Verwaltung der staatlichen Schlösser, Gärten und Seen, und dem reichen wittelsbachischen Erbe von Linderhof, Herren-

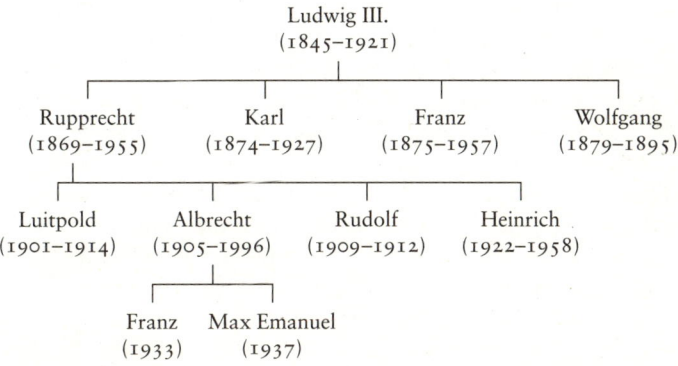

chiemsee und Neuschwanstein bis zur Würzburger Residenz, von der Münchner Residenz bis zum Englischen Garten. Ohne genau an diesem Punkt die bayerischen Verhältnisse mit denen in anderen deutschen Staaten bzw. Ländern vergleichen zu wollen, ist es die erkennbare Unaufgeregtheit der bayerischen Situation sehr wohl wert, in spezifischer Weise registriert zu werden.

Diese Unaufgeregtheit ist nicht primär parteipolitisch definiert bzw. begrenzt. Es war ein sozialdemokratischer bayerischer Ministerpräsident, Wilhelm Hoegner, der für die feierliche Aufbahrung des Kronprinzen Rupprecht im August 1955 anordnete, daß die in der Schatzkammer der Münchner Residenz verwahrte bayerische Königskrone auf dem Katafalk des Verstorbenen zu plazieren sei. – Die vormaligen Herrenabende im Nymphenburger Schloß, die einem männlichen Publikum vorbehalten waren, und die derzeitigen Nymphenburger Empfänge ebendort, zu denen inzwischen auch Damen gebeten werden, verfolgen keinerlei politische oder gar parteipolitische Engführung in der Einladungspraxis, sondern orientieren sich an der Relevanz gesellschaftlicher Kräfte, die für das Wohl des Freistaats Bayern Verantwortung tragen.

Ohne das Potential der eigenen Möglichkeiten zu überschätzen, ohne auf die Avancen der Regenbogenpresse über Gebühr zu reagieren, praktiziert das Haus in dezenter Weise Formen der Anpassung an die Welt des 20. und 21. Jahrhunderts. Hierher gehört die erwähnte Öffnung des Teilnehmerkreises der Nymphenburger Empfänge, hierher gehört das neue Arrangement der Sarkophage von König Ludwig I. und Königin Therese in der Abteikirche St. Bonifaz in München und hierher gehört vor allem die von Herzog Franz von Bayern im Einzelfall verfügte Gleichstellung der Ehepartner aus nicht standesgemäßen Hochzeiten als ebenbürtig.

So braucht es auch nicht zu verwundern, daß die immer wieder in den Gazetten auftauchende wittelsbachische Anwartschaft auf den britischen Thron vom derzeitigen Chef des Hauses als das angesehen wird, was es ist: eine Anekdote der europäischen Geschichte jenseits eines irgendwie gearteten aktuellen Handlungsbedarfs. – Nach der «Glorious Revolution» des Jahres 1688, nach der Vertreibung des Stuart-Königs Jakob II. und dem «Act of Settlement» von 1701 waren die (katholischen) Stuarts von der Thronfolge ausgeschlossen, was von diesen indes nie akzeptiert wurde. Vielmehr vererbte sich der Jakobiten-Anspruch auf den britischen Thron – nach dem Tod des letzten Stuart 1807 – auf verschlungenen Pfaden über die Häuser Sardinien und Modena auf die Linie Habsburg-Este, konkret auf die Erzherzogin Maria Therese, die 1868 den bayerischen Prinzen Ludwig – den nachmaligen König Ludwig III. – heiratete, und schließlich auf deren ältesten Sohn, Kronprinz Rupprecht von Bayern. Auf ihn und seine Nachkommen übertrugen bzw. übertragen die Jakobiten den Anspruch auf den britischen Thron; diese titeln in der Tat: «His Majesty King Francis II, King of Scots, King of Bavaria, Cyprus & Jerusalem & Pharahonic Prince of Egypt».

In der Nacht vom 7. auf den 8. November 1918 hatte Kurt Eisner plakatieren lassen: «Die Dynastie Wittelsbach ist abgesetzt.» Am 13. November 1918 entband König Ludwig III. alle bayerischen Beamten und Soldaten des ihm geleisteten Treueides, woraus Eisner eine Abdankungserklärung machte, die das Haus Wittelsbach bis zum heutigen Tag nicht ausgesprochen hat. Seit dem 8. November 1918 ist Bayern gleichwohl eine Republik. Von den schwierigen Jahren nach dem Ersten Weltkrieg und in Teilen auch der Zeit der NS-Herrschaft abgesehen, war und ist das Haus Wittelsbach in Bayern präsent, tritt es in der Öffentlichkeit in unterschiedlicher Intensität auf, nimmt es, wenn so eine altmodische Formulierung erlaubt ist, seinen Platz als vornehmste Familie des Landes ein.

Diese Präsenz war und ist durchaus unterschiedlich konfiguriert. Ihre Dimensionen sind bedingt von den Zeitverhältnissen und den dem Haus entgegengebrachten Loyalitäten, von den politischen Nöten und Gefahren, von Hoffnungen und Illusionen, vom persönlichen Profil der Repräsentanten des Hauses in allererster Linie.

Bis 1921 noch lebte König Ludwig III. Seine und seiner Gemahlin (verstorben am 3. Februar 1919) Beisetzung im Münchner Dom am 5. November 1921 wurde nicht zuletzt von Kardinal Faulhaber als Manifestation des monarchischen Gedankens zelebriert, angesichts derer viele auf die Proklamation einer wieder zu errichtenden Monarchie hofften. In der politisch-gesellschaftlichen Wirklichkeit Bayerns und vor allem Münchens in der Weimarer Republik hatte das Zusammenwirken von Kardinal Faulhaber und Kronprinz Rupprecht durchaus Gewicht. Von daher rührte vielleicht auch der Optimismus des Jahres 1933, mit der Wiedereinführung der Monarchie die Machtergreifung Hitlers in letzter Minute abwehren zu können. Und noch die Überlegungen nach 1945, mit dem Amt eines bayerischen Staatspräsidenten Kronprinz Rupprecht den Weg bereiten zu können, gehören in diesen Zusammenhang.

Die Frage nach der Präsenz des Hauses in Politik, Kultur und Gesellschaft seit 1918 ist eng verknüpft mit dem Blick auf die drei Chefs der Familie, die nach 1918 bzw. 1921 für das Haus stehen: Kronprinz Rupprecht, Herzog Albrecht und Herzog Franz.

Kronprinz Rupprecht, geboren 1869, wuchs früh, als ältester Sohn von Prinz Ludwig, dem nachmaligen König Ludwig III., und angesichts der Ehelosigkeit von König Ludwig II., in die Rolle des zukünftigen Thronerben hinein. Rupprecht war aber auch das erste Mitglied des Königlichen Hauses, das seine Ausbildung an einem öffentlichen Gymnasium erhielt. Zwei Orientierungen bildeten sich zeitig aus und gerieten professionell: die Bestimmung für die militärische Laufbahn einerseits und andererseits eine Kunstkennerschaft, die jenseits eines bloß fürstlichen Dilettantismus angesiedelt war und auch in einer Privatsammlung von Rang Ausdruck fand. Die Professionalität im militärischen Bereich spiegelte sich wider in einem raschen Aufstieg bis zur Übernahme der IV. Armeeinspektion im Jahre 1913, in der Nachfolge seines Onkels Leopold, und des Kommandos der 6. Armee bei Ausbruch des Ersten Weltkriegs. Seit 1916 Oberbefehlshaber einer Heeresgruppe, vermochte er die militärische Situation wesentlich realistischer einzuschätzen, als sein Vater und drängte er von daher frühzeitig auf einen Verständigungsfrieden.

Was die Restitution der Monarchie als Staatsform angeht, so gewinnt man bei Rupprecht den Eindruck, als ob eine sol-

Abbildung 1: Kronprinz Rupprecht

che Perspektive seit der Revolution von 1918 bei ihm stets, oder doch zumindest überwiegend, funktional zu sehen ist, das heißt im Dienste anderer politischer Prioritäten: 1933 dem Ziel verpflichtet, Hitler und die NS-Herrschaft zu verhindern, in der Zeit nach 1945 verbunden mit der Hoffnung, einen föderativen Neuaufbau Deutschlands zu gewährleisten, den er sich durchaus in Form einer Wiederherstellung der einzelstaatlichen Monarchien vorstellen konnte. Wenn man das Urteil zuspitzen möchte, dann könnte man geneigt sein, die politische Priorität nicht in erster Linie in der bloßen Restauration der monarchischen Staatsform, sondern weit eher in der Sicherung der bayerischen Staatlichkeit und Eigenstaatlichkeit zu erkennen.

Bekannt geworden sind die knappe Formel von Max Spindler «ungekrönt – und doch ein König» sowie das scharfe Urteil von Golo Mann, daß nach fünf Königen und einem Regenten der siebte, Rupprecht nämlich, der beste geworden wäre. Noch das heutige gesellschaftliche Ansehen des Hauses ruht auf dem von Rupprecht gelegten Fundament, was nicht zuletzt auch damit zusammenhängt, daß er sich, im Gegensatz zu manchen seiner Standesgenossen, von jeglicher nationalsozialistischer Kontamination fernhielt und statt dessen geheime Kontakte mit dem deutschen Widerstand pflegte, seit 1940 nach Italien auswich und früh Verbindung mit den Westalliierten aufnahm.

Von den vier Kindern Rupprechts aus seiner ersten Ehe mit Herzogin Marie Gabriele in Bayern verstarben drei bereits im Kindesalter, Erbprinz wurde der Zweitgeborene, Albrecht (1905–1996). Seit dem Tod des Kronprinzen 1955 mit dem Titel «Herzog von Bayern» ausgestattet, trat Albrecht in sämtliche Rechte seines Vaters ein und markierte dabei doch eine entscheidende Wende. Er war der erste Chef des Hauses Wittelsbach, der ohne eine institutionelle Funktion im Staat versehen war und dem es gleichwohl gelang, die Ausstrahlung des Hauses in die bayerische Gesellschaft hinein zu stabilisieren, ja in Teilen zu intensivieren, wenn man etwa an die ganz enorme Präsenz des Hauses im Zusammenhang des 800jährigen Jubiläums der Belehnung von 1180 im Jahre 1980 denkt. Was die politischen Verhältnisse angeht, so erkennt man Prioritäten, die denen des

Abbildung 2: Herzog Albrecht

Vaters ähneln, war er doch gleichfalls darum bemüht, die föderative Ordnung der Bundesrepublik gegen zentralistische Veränderungstendenzen zu schützen. Wiederum dem Vater ganz ähnlich, hatte auch er ein überaus distanziertes Verhältnis zum Nationalsozialismus: Zum Abschluß seines forstwissenschaftlichen Studiums an der Universität München wurde er nicht zugelassen, weil er sich weigerte, einer NS-Organisation beizutreten; eingestuft als «wehrunwürdig», geriet er mit seiner Familie 1944 im ungarischen Exil in die Hände der Gestapo und in KZ-Haft in Oranienburg, Flossenbürg und Dachau, ohne daß er und seine Söhne davon nach 1945 je ein großes Aufheben gemacht hätten.

Im Umkreis der ureigensten persönlichen Interessen von Herzog Albrecht kommt man nicht vorbei an der Erwähnung einer lebenslangen, wissenschaftlich fundierten, Zuwendung zur Botanik und zur Zoologie; und ebenso wenig darf unerwähnt bleiben seine ganz entscheidende Förderung der alpenländischen Volksmusik und ihrer Wiedergeburt schon in der Zeit nach dem Ersten Weltkrieg, als er die Anstrengungen eines Kiem Pauli und eines Kurt Huber – materiell wie ideell – energisch unterstützte.

Einleitend war von der Ehrenpromotion von Herzog Franz von Bayern die Rede gewesen. 1933 als ältester Sohn von Herzog Albrecht geboren, absolvierte er das Gymnasium in Ettal, studierte er an den Universitäten Zürich und München Betriebswirtschaft und gibt er in dem von der Herzoglichen Verwaltung ausgegebenen tabellarischen Lebenslauf als Beruf «Dipl. Kfm.» an.

Die Ludwig-Maximilians-Universität München befolgt bei der Verleihung des Titels eines «Dr. phil. h. c.» ein strenges Regelwerk und verhält sich bei der Vergabe dieser Ehrung ausgesprochen restriktiv. Deswegen ist der Text der, natürlich in Latein verfaßten, Ehrenpromotionsurkunde von erheblicher Aussagekraft für das hier in Rede stehende Profil des derzeitigen Chefs des Hauses Wittelsbach. Dabei tritt ein Engagement in den Vordergrund, das Herzog Franz nicht nur mit seinem Großvater teilt, sondern ihn als Teil einer stabilen Familien-Kontinui-

Abbildung 3: Herzog Franz

tät wahrnehmen läßt, die von Herzog Albrecht V. über Kurfürst Max Emanuel bis zu König Ludwig I. immer wieder ins Auge springt und die eine Zentrierung wittelsbachischer Lebenswege um die Anliegen und Potentiale von Kunst und Kultur als Spezifikum zu erkennen gibt.

Das kann man bereits an Äußerlichkeiten festmachen. Herzog Franz ist Mitglied der Bayerischen Akademie der Schönen Künste, Mitglied des International Council des Museum of Modern Art in New York, Chairman dieses Council seit 1976, Vice-Chairmann seit 1989, Vorsitzender des Kuratoriums des Vereins zur Förderung der Alten und Neuen Pinakothek, Vorsitzender des Kuratoriums der Freunde der Pinakothek der Moderne. Schon in den 1960er Jahren sammelt er – instinktsicher, wie von Experten attestiert wird – moderne Kunst von Georg Baselitz bis Gerhard Richter; ohne seine Mitwirkung wäre es 1967 nicht zum staatlichen Ankauf von Francis Bacons «Kreuzigung» gekommen; 1967 ist es sein Engagement, das die damals größte Ausstellung amerikanischer Gegenwartskunst – mit 36 Werken Andy Warhols und 16 Tafeln von Roy Lichtenstein – in München ermöglicht; 1984 übergibt er den größten und gewichtigsten Teil seiner privaten Sammlung zeitgenössischer Kunst dem Wittelsbacher Ausgleichsfonds mit der ausdrücklichen Maßgabe, sie den staatlichen Museen in München zur Verfügung zu stellen.

Daß dieses Engagement vornehmlich für die moderne Kunst gepaart ist mit einem solchen für das Schicksal der von Herzog Ludwig dem Reichen gegründeten Universität, für die aktuellen Nöte der Geisteswissenschaften im allgemeinen, der Bedürfnisse der Geschichtswissenschaft im besonderen und dabei vor allem der bayerischen Geschichte, wird man hinzufügen, ohne darüber das vielfältige soziale und caritative Wirken, nicht zuletzt in Osteuropa, zu vergessen.

Kronprinz Rupprecht und die Herzöge Albrecht und Franz: Von einem Glücksfall für Bayern nach der Revolution von 1918 zu reden, dürfte nicht übertrieben sein, gerade wenn man die Schwierigkeiten und Verwerfungen registriert, die es andernorts im Verhältnis zwischen den ehedem regierenden Häusern und den neuen staatlichen Ordnungen bis heute gibt. Gleichwohl ist nachzutragen, daß die insgesamt als harmonisch zu bezeichnenden bayerischen Verhältnisse sich nicht ausschließlich als Folge individueller Glücksfälle verstehen lassen. Die Art und Weise, wie das Königliche Haus und der nachrevolutionäre Staat in den 1920er Jahren zu einer Bereinigung und Klärung der Vermögensverhältnisse gefunden haben, hat die Voraussetzungen geschaffen, innerhalb derer Staat und Dynastie ihre Beziehungen noch immer gestalten können. Diese Voraussetzungen sind abschließend noch kurz zu skizzieren.

Schon Kurt Eisner hatte im November 1918 erklärt, daß das Privatvermögen der Wittelsbacher von der Revolution nicht berührt sei und daß man über eine Entschädigung für die enteigneten Vermögensrechte verhandeln werde. Bei diesen Verhandlungen, mit denen ernsthaft erst Mitte des Jahres 1919 begonnen wurde, standen sich anfänglich zwei Extrempositionen gegenüber: die Bereitschaft des Staates auf der einen Seite, für einen «standesgemäßen Unterhalt» der Mitglieder des Hauses Wittelsbach freiwillige Leistungen anzubieten; die Position der Wittelsbacher auf der anderen Seite, über einen Rechtsanspruch auf «Schadloshaltung» für das Hausgut zu verfügen, verbunden mit dem Anspruch auf erhebliche Vermögenswerte, darunter die Kunstsammlungen, im Sinne von Privateigentum. Schon im Dezember 1919 war eine erste Kompromißlinie gefunden, die das staatliche Zugeständnis eines Rechtsanspruches der Wittelsbacher auf Entschädigung für das verstaatlichte Hausvermögen und der Überlassung rentablen Grundbesitzes enthielt, während umgekehrt das Haus Wittelsbach auf die Einzelabfindungen der Familienmitglieder verzichtete und einer Gesamtentschädigung auf der Basis einer Stiftungslösung zustimmte.

Es sollte dann noch bis ins Jahr 1923 dauern, bis das endgültige Übereinkommen unter Dach und Fach war: Am 24. Januar 1923 wurde es von den beiden Parteien unterzeichnet, am 3. Februar im Ministerrat gebilligt und am 8. und 9. März im Landtag mit einer Stimmenmehrheit von 92 zu 26 angenommen. Kernpunkt des Übereinkommens war die Errichtung von zwei Stiftungen.

Die Wittelsbacher Landesstiftung für Kunst und Wissenschaft umfaßt dabei die wesentlichen Bestandteile des von Kurfürst Maximilian I. von Bayern 1641 gegründeten Wittelsbacher Hausfideikommisses: «Der Chef des Hauses Wittelsbach überweist der Wittelsbacher Landesstiftung für Kunst und Wissenschaft die aus dem Wittelsbacher Hausbesitz stammenden Bestände 1. der familieneigenen Handschriftensammlung der ehemaligen Hofbibliothek, 2. der kurbayerischen Galerie, 3. der Düsseldorfer-, der Mannheimer-, und der Zweibrückener-Galerie, 4. der Schatzkammer, 5. des Porzellankabinetts, 6. des Nationalmuseums und der staatlichen Münzsammlung, soweit es sich um diesen Sammlungen anvertrauten Wittelsbachischen Hausbesitz handelt, 7. der Handzeichnungen der ehemals kurpfälzischen Sammlung.» – Die Verwaltung dieser Stiftung wird heute von drei Vorständen wahrgenommen: einem Vertreter des Wissenschaftsministeriums, einem Museumsfachmann, der vom Wissenschaftsministerium bestimmt wird, und einem Vertreter des Hauses Wittelsbach.

Als zweite Stiftung wurde 1923 der Wittelsbacher Ausgleichsfonds eingerichtet. Dieser erhielt u. a. die Schlösser Berchtesgaden, Berg, Ludwigshöhe, Grünau und Neuburg an der Donau, Nutzungsrechte an den Schlössern Nymphenburg, Herrenchiemsee und der Würzburger Residenz, zwei Gestüte, etwa 12 500 Hektar Waldungen und ein Kapital in Höhe von 40 000 000 Mark. Kronprinz Rupprecht legte – zu dauerndem öffentlichen Gebrauch – in den Wittelsbacher Ausgleichsfonds noch die Kunstsammlungen König Ludwigs I. ein. Die Erträge aus diesem Ausgleichsfonds fließen «jeweils jenen Mitgliedern des vormaligen Königshauses zu, die bei fortdauernder Geltung der vor dem 8. November 1918 maßgebenden Bestimmungen Anspruch auf Leistungen des Staates hätten.»

Die Belehnung von 1180 und die Folgen

Wenden wir den Blick aus dem Jahre 2009 und von den Perspektiven, die sich unter den Bedingungen der Gegenwart für ein ehedem regierendes Haus auftun, um mehr als 800 Jahre zurück, konkret ins Jahr 1180 und noch konkreter auf den 16. September und auf den Hoftag Kaiser Friedrichs I. im thüringischen Altenburg. Hier wird Pfalzgraf Otto von Wittelsbach (1117–1183) mit dem Herzogtum Bayern belehnt. Diese Belehnung ist Teil einer der dramatischsten Geschichten, die das Mittelalter kennt. Mit dem Sturz Heinrichs des Löwen aus dem welfischen Haus, der dem Stauferkaiser zu mächtig, zu unbotmäßig geworden war, stehen die Reichslehen des Welfen zur Disposition. Das Herzogtum Sachsen wird in kleinere territoriale Einheiten zerschlagen, das bayerische Herzogtum wird zwar um die Steiermark verkleinert, hat aber immer noch in etwa die Größe des alten Stammesherzogtums der Agilolfinger und es geht an einen treuen Gefolgsmann des Kaisers, an den Pfalzgrafen Otto von Wittelsbach.

Für diese neue Aufgabe bringen die Wittelsbacher diverse Voraussetzungen mit: großes Ansehen im Reich und im Land, ihre Herkunft aus dem bayerischen Stammesadel, ihren Hausbesitz im Kerngebiet des Herzogtums, ihre Ministerialen-Gefolgschaft, die darauf drängt, im Dienst des Landesherrn aufzusteigen, die ruhmreichen Taten Ottos als Pfalzgraf.

Gleichwohl hat man die Ausgangslage realistisch einzuschätzen. Die Wittelsbacher finden eine Situation vor, in der es in Bayern unter mehr als 20 Grafengeschlechtern einen Kreis mächtiger Dynasten gibt, wobei die größten unter ihnen, etwa die Andechser, die Welfen oder die Diepoldinger, den Wittelsbachern nicht nur ebenbürtig sind, sondern im Begriff stehen, ihre Herrschaft als Grafen, Vögte und Grundherren zur Territorialherrschaft auszubauen und sich dem Herzogtum zu entziehen.

Hundert Jahre später blühen von diesen Grafengeschlechtern gerade noch fünf; alle anderen sind ausgestorben. Die große Masse ihrer Reichslehen, Herrschaften und Rechte, ihrer ritterlichen Dienstleute und grunduntertänigen Bauern haben die Wittelsbacher an sich gebracht: durch Heirat, durch Kauf, durch Ausnützung aller Rechtsmittel.

Einer vergleichbaren Veränderung begegnen wir dort, wo es um das Verhältnis zum Reich geht. Im ausgehenden 12. Jahrhundert greifen die Staufer beim Ausbau ihrer Reichsgutverwaltung und ihrer eigenen Hausmacht von Franken und Schwaben aus immer mehr nach Bayern herein. Hundert Jahre später ist diese Einschnürung durch die königliche Hausmacht im Norden und im Westen aufgesprengt, nicht zuletzt deshalb, weil es den Wittelsbachern gelingt, als Gläubiger und Teilerben Konradins, des letzten Staufers, wichtigste Pfänder aus der staufischen Konkursmasse festzuhalten.

Und nicht minder gravierende Veränderungen gibt es im kirchlichen Bereich zu beobachten. Zum Zeitpunkt der Belehnung der Wittelsbacher mit dem Herzogtum Bayern sehen diese sich der Konkurrenz von sieben alten Bischofssitzen ausgesetzt, die reich ausgestattet sind mit Land und Leuten und deren Inhaber, die Bischöfe, als Reichsfürsten zu Territorialherren aufsteigen wollen. Und auch hier gibt es im Laufe eines Jahrhunderts einen markanten Umbruch: Innerhalb Bayerns hat die bischöfliche Territorialpolitik keine Chancen mehr; die Hochstiftsterritorien werden nur noch an den Rändern des altbayerischen Fünfecks groß; im Inneren des Landes bleiben sie klein.

Und ein letzter Bereich ist anzusprechen: Circa 70 Klöster finden die Wittelsbacher zum Zeitpunkt ihrer Belehnung vor, die alle versuchen, ihre eigenen Herrschaftsrechte über ihre Gronduntertanen gegen die adeligen Vögte zu behaupten. Hundert Jahre später sind die Herzöge selbst die Vögte der allermeisten Klöster im Herzogtum geworden. Nur zwei Klöster, und diese liegen bezeichnenderweise am Rande Bayerns, können sich der Schirmvogtei der Wittelsbacher entziehen: Waldsassen und Berchtesgaden; alle anderen werden oder bleiben landsässig.

So deutlich sich angesichts dieser vergleichenden Betrachtungsweise die Zäsurqualität des Jahres 1180 auch darstellt, für die Zeitgenossen war die Absetzung Heinrichs des Löwen das eigentlich sensationelle Ereignis – die Belehnung des Pfalzgrafen Otto mochte demgegenüber dann doch eher als Selbstverständlichkeit gelten. Drängend bleibt indes die Frage, wer dieser Otto von Wittelsbach gewesen ist: Was war sein familiengeschichtlicher Hintergrund? Woher stammte seine Machtbasis? In welchen verwandtschaftlichen Kontexten ist er zu sehen? Diese Fragen wurden über Jahrhunderte mit viel Aufwand und auch Phantasie diskutiert; der heutige Stand der Erkenntnis ist kurz zu bilanzieren.

Als gesichert darf gelten, daß der 1180 zum Herzog erhobene Pfalzgraf einer im Lande selbst fest verwurzelten Familie entstammte. Gesichert ist ferner, daß das Herkunftsattribut «von Wittelsbach» zum ersten Mal im Jahre 1115 auftaucht, daß man die Familie von da aus noch zwei Generationen ins 11. Jahrhundert zurückverfolgen kann, daß seit etwa 1073 Graf Otto III. von Scheyern belegt ist und uns mit dessen Vater, Otto II., der als Hauptvogt des Freisinger Bischofs Nitker überliefert wird, der erste mit Sicherheit dem Geschlecht zuzuordnende Vorfahre begegnet. Weiter zurück kann das Geschlecht nicht mehr mit Sicherheit nachgewiesen werden. Gleichwohl gibt es gelehrte Vermutungen und wilde Spekulationen, über die Luitpoldinger Verbindungen zum bayerischen Uradel herzustellen, gar einen genealogischen Zusammenhang mit den Agilolfingern, den Huosi, den Karolingern zu konstruieren, ganz zu schweigen von den Anstrengungen, die Welt der antiken Heroen, bis hin zum Trojakämpfer Antenor, als Vorfahren der Wittelsbacher zu bemühen.

Es wurde in diesem Zusammenhang die Alternative «alter Hochadel oder feudale Parvenüs» strapaziert, angesichts derer der Konsens der heutigen Forschung dahingeht, daß der Aufstieg der Familie Wittelsbach im 12. Jahrhundert nicht primär mit ihrer hohen Abkunft, ihrer königlichen oder herzoglichen Verwandtschaft erklärt werden kann, sondern daß dafür weit eher individuelle politische Leistung, dezidierter Aufstiegswille und eine unbedingte Loyalität gegenüber Kaiser und Reich sowie der staufischen Sache verantwortlich waren. Angesichts solcher Überlegungen und Zusammenhänge gewinnt jene Polarität an Sinnhaftigkeit, von der jede historiographische Rekonstruktion auszugehen hat: Ohne die Berücksichtigung der strukturellen Bedingungen gerät unser Bild von der Vergangenheit trivial, ohne den Blick auf die agierenden Personen naiv.

Die Trias der ersten drei bayerischen Herzöge aus dem Hause Wittelsbach ist deshalb kurz vorzustellen. Von der wittelsbachischen Loyalität gegenüber den Staufern war eben die Rede gewesen. In nachgeradezu plakativer Weise begegnet uns diese bei Otto, der 1156 das Pfalzgrafenamt angetreten hatte und 1180 mit dem Herzogtum belehnt wird. Er begleitet Friedrich Barbarossa 1155 zur Kaiserkrönung nach Rom, er erkämpft diesem, was vor allem das 19. Jahrhundert nicht genug zu loben wußte, den Zug durch die Veroneser Klause, er stürzt mit gezogenem Schwert 1157 auf dem Reichstag von Besançon auf den päpstlichen Legaten Kardinal Roland zu, als jener gegen den Kaiser auftritt und behauptet, Friedrich Barbarossa verdanke seinen Rang ausschließlich dem Papst in Rom. Otto ist 63 Jahre alt, als er 1180 belehnt wird; mit 66 Jahren ist er 1183 gestorben; im Kloster Scheyern liegt er begraben. Von den neun Kindern, die ihm seine Gemahlin Agnes, eine geborene Gräfin von Loon, gebar, waren sieben Töchter, der erstgeborene Sohn, Otto, starb mit zwölf Jahren, das Erbe ging an den 1173 in Kelheim geborenen und dort 1231 ermordeten Sohn Ludwig: Herzog Ludwig I., mit dem Beinamen «der Kelheimer».

Was sich so leichthin formuliert, daß der Sohn dem Vater als Herzog nachfolgt, eben das Erbe antritt, war damals alles andere als eine Selbstverständlichkeit. 1156 war vom Kaiser den Babenberger Herzögen der Ostmark, was als sensationell gelten durfte, die Erblichkeit ihrer Herrschaft zugestanden worden. Von diesem Beispiel profitierte Bayern in der Faktizität des Jahres 1183, und die Stabilität der wittelsbachischen Herrschaft wird durch nichts besser belegt, als durch diese damit begründete Kontinuität in der Erblichkeit des Herzogtums, die dann 1208 auch noch formell bestätigt wurde.

Herzog Ludwig I. war eine fast vierzigjährige Herrschaft vergönnt; in heutiger Sprache möchte man sie als eine wahre Erfolgsstory bezeichnen: Die Heirat mit Ludmilla von Bogen sicherte dem Wittelsbacher das Bogener Erbe und brachte die weißblauen Rauten ins bayerische Wappen; die Gründung von Cham, Landshut, Straubing, Landau und Erding belegt eine zielstrebige Städtepolitik; die Belehnung mit der Pfalzgrafschaft bei Rhein erweiterte den Aktionsraum wittelsbachischer Politik in ganz neuartige Dimensionen hinein.

Das Ereignis von 1180 und seine kurz- und mittelfristigen Folgen, um das die vorstehenden Überlegungen immer wieder gekreist sind, hat man sicherlich und in allererster Linie als ein Ereignis der bayerischen Geschichte zu begreifen, und der prominente Platz, den dieses Jahr in der bayerischen Erinnerungs- und Gedächtniskultur einnimmt, spricht ebenfalls eine eindeutige Sprache. Daß man sich gleichwohl vor der durchgängigen Identifikation von wittelsbachischer und bayerischer Geschichte zu hüten hat und die Konturen der wittelsbachischen Geschichte über jene der bayerischen mitunter weit hinausreichen, davon war einleitend schon die Rede. Das wird so recht deutlich bei einem Datum, das genau in den Zeitraum der ersten Jahrzehnte nach 1180 fällt und für das Haus wahrscheinlich ebenso wichtig ist wie das Ereignis von 1180: Am 6. Oktober 1214 wird Herzog Ludwig I. mit der Pfalzgrafschaft bei Rhein belehnt.

Diese Verbindung ist im Ansatz rein dynastischer Natur; die Verlobung von Otto, dem Sohn Ludwigs I., mit der noch minderjährigen Erbtochter des welfischen Pfalzgrafen bei Rhein schuf dafür die Voraussetzung. Die Pfalz darf als die bedeutendste und dauerhafteste Erwerbung des Hauses Wittelsbach außerhalb Altbayerns gelten. Was die Dauerhaftigkeit angeht, so wird man hinzufügen, daß seit 1214 alle Wittelsbacher der nachfolgenden Jahrhunderte den Titel eines Pfalzgrafen bei Rhein wie den eines Herzogs von Bayern führten. Selbst in der Zeit, als die Pfälzer Territorien von selbständigen wittelsbachischen Linien regiert wurden, bezeichneten sich alle Wittelsbacher mit diesem doppelten Rang, sogar noch die schwedischen Könige aus dem Hause Wittelsbach. Der Pfalzgrafschaft bei Rhein kamen in verschiedener Richtung eine besondere Bedeutung und eine besondere Dignität zu. In territorialer Hinsicht zählten dazu umfangreiche Reichs- und Kirchenlehen, Vogteien und Burgbezirke in einem der fortgeschrittensten Gebiete des Reiches am Mittelrhein, an der Bergstraße, am Odenwald, an der Nahe. In rechtlicher Hinsicht schloß das Pfalzgrafenamt richterliche Aufgaben in Vertretung des Königs ein, ferner die Reichsverweserschaft für die Zeit zwischen dem Tod eines Königs und der Wahl seines Nachfolgers, das Reichsvikariat bei Verhinderung und Abwesenheit eines Königs, das Amt des Reichstruchsessen und das Recht, an der Königswahl mitzuwirken. Es ist leicht nachvollziehbar, daß dem Pfalzgrafenamt eine Schlüsselrolle im Reich zukam, daß der Pfalzgraf bei Rhein als der vornehmste der weltlichen Reichsfürsten galt. – Daß dieses Amt bis zum Ende des Alten Reiches beim Haus Wittelsbach verblieb, wird zwar häufig, aus einer bayerisch verengten Perspektive, nicht so recht wahrgenommen, trug aber ganz wesentlich, über Jahrhunderte hin, zum Profil und zur Selbsteinschätzung der Dynastie bei.

Die Zeit der Landesteilungen

Strapaziert man weiterhin die Chronologie und wendet man sich der bayerischen Geschichte in einem engeren Sinne zu, dann liegt mit dem Jahr 1255 das nächste jener Daten vor, bei denen wir den Blick auf die Familie Wittelsbach brauchen, wenn wir den Gang der bayerischen Geschichte insgesamt verstehen wollen. Zu reden ist von den Landesteilungen, die mit diesem Jahr einsetzen.

Die Epoche der Landesteilungen im Herzogtum Bayern hat in der bayerischen Landesgeschichtsschreibung über lange Zeit hin eine ausgesprochen schlechte Presse gehabt. Die negativen Folgen dieser Teilungen wurden dabei energisch in den Vordergrund der Betrachtung gerückt: Die Bruderkriege um Rechte und Ansprüche seien zur regelrechten Landplage geworden; die Uneinigkeit in der Reichspolitik habe zum Verlust von Kur- und Kaiserwürde geführt; die Zersplitterung in der Territorialpolitik habe territoriale Chancen, wie etwa die Sicherung des Landes ob der Enns und Tirols, vergeben; der hohe materielle Aufwand der einzelnen Hofhaltungen habe das Land belastet und den Ständen – als Gegenleistung für gesteigerte Steuerbewilligungen – zusätzliche Herrschaftsrechte eingeräumt.

Demgegenüber wird man, was die neuere Literatur auch tut, vermehrt die positiven Konnotationen zu registrieren haben, die sich mit den altbayerischen Landesteilungen verbinden lassen. Die Intensität von Herrschaftsausübung im kleinen Raum bewirkte eine optimierte Rechtsentwicklung und einen differenzierten Verwaltungsausbau. Mehrere Hauptstädte und Residenzen führten nicht nur zu höheren Kosten, sondern bedeuteten faktisch mehr Leben, mehr Wirtschaft, mehr Kultur vor allem. München, Landshut, Burghausen, Straubing, Ingolstadt, Amberg, Neumarkt, Neunburg vorm Wald – bis in die Gegenwart hinein sind diese Orte von der Zeit der vielen Herzöge geprägt.

Und schließlich: Während sich die Herzöge streiten, sind die Vertreter des Landes, die Landstände, gefordert; sie beraten und schlichten und leisten Hilfe oder Widerstand; die innere Verfaßtheit der Teilherzogtümer ist die modernste im damaligen Reich.

Verschaffen wir uns zuerst einen groben Überblick über dieses Phänomen der Landesteilungen. Die ersten Erbfälle im Hause Wittelsbach sind problemlos. Zweimal, 1183 und 1231, folgt auf den Vater der einzige Sohn. 1253, als Herzog Otto II. stirbt, ist das anders; er hinterläßt zwei Söhne: Ludwig, der beim Tod des Vaters 24 Jahre alt ist und den 18jährigen Heinrich. In dieser Situation tun die beiden etwas damals noch Beispielloses, sie teilen. Ludwig (1229–1294) behält die Pfalz und die «Obere» Hälfte Bayerns, das nachmalige Oberbayern mit der Hauptstadt München; Heinrich (1235–1290) erhält die «Untere» Hälfte Bayerns, das nachmalige Niederbayern mit der Hauptstadt Landshut. Mit dem Teilungsbegriff muß differenziert umgegangen werden: Teilen heißt hier, Regierungsgeschäfte und Einkünfte teilen; die beiden Herzöge und ihre Nachfolger nehmen die herzoglichen Rechte und Pflichten in ihrem jeweiligen Teil Bayerns wahr. Bayern insgesamt bleibt jedoch als Reichslehen bestehen; deshalb führt jeder Teilherzog den Titel «Herzog in Ober- und Niederbayern».

Nachdem das Teilen einmal eingeführt war, wollte kein Herzogssohn mehr auf das Regieren verzichten oder geistlich werden. So folgten der ersten Teilung sieben weitere; 250 Jahre lang blieb Bayern geteilt, zeitweise gab es vier Teilherzogtümer gleichzeitig.

Die Linie Niederbayern stirbt 1340 in der vierten Generation mit Johann I., dem Kind, wieder aus. Schwieriger ist die Situation mit Pfalz/Oberbayern, das bis zu seinem Tod 1294 von Ludwig dem Strengen regiert wird. Dieser hinterläßt zwei Söhne: Rudolf, geboren 1274, der als Rudolf der Stammler in die Geschichte eingehen wird, und Ludwig, geboren 1282, den wir als Ludwig den Bayern kennen. Obwohl der Jüngere, will Ludwig die Politik und die Territorien des wittelsbachischen Hauses seiner alleinigen Führung unterwerfen. Das bedeutet

Die Zeit der Landesteilungen

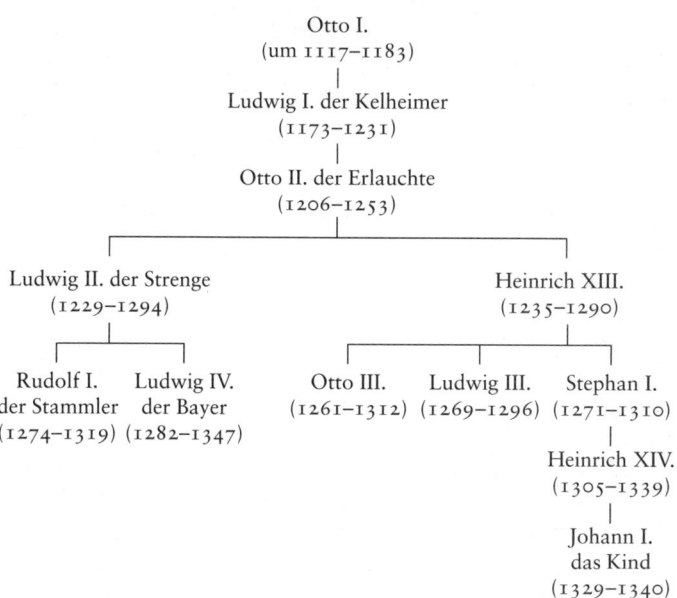

Kampf mit seinem Bruder Rudolf, der bis zu dessen Tod 1319 andauert. Die Erfolge Ludwigs in dieser Auseinandersetzung sind erheblich: die Mitregierung 1302, die Teilung Oberbayerns 1310, die Vormundschaft in Niederbayern 1312 und die Regierung in Oberbayern und der Pfalz 1317, wozu, lange nach dem Tod Rudolfs, 1340 noch die Vereinigung von Ober- und Niederbayern kommt.

Die dauerhafte Vereinigung aller wittelsbachischen Lande gelang indes auch Ludwig dem Bayern nicht, weil die Erbstreitigkeiten mit dem Tod Rudolfs nicht zu Ende waren, weil dessen Söhne die väterlichen Ansprüche nicht einfach aufgaben. Die Lösung wurde dann im Hausvertrag von Pavia vom 4. August 1329 gefunden: Die Nachfahren Rudolfs erhielten die Pfalzgrafschaft bei Rhein und die wegen des Eisenbergbaus ertragreichen Gebiete um Amberg, Neumarkt und Sulzbach, die dann, zur besseren Unterscheidung, als die «Obere» Pfalz, schließlich als

Oberpfalz etikettiert wurden. Oberbayern, vermehrt um Lengenfeld, Schwandorf, Kallmünz und die Burggrafenrechte von Regensburg, ging an Ludwig den Bayern und seine Nachfahren. Ferner wurde die gegenseitige Beerbung der beiden Linien sowie ein gegenseitiges Vorkaufsrecht vereinbart. Die Festlegung, daß die Kurstimme abwechselnd von Bayern und der Pfalz ausgeübt werden solle, wurde 1354 obsolet, als Kaiser Karl IV. Rupprecht I. von der Pfalz (1309–1390) das Kurrecht auf Dauer verlieh, was dann auch in der Goldenen Bulle von 1356 bestätigt wurde.

In den auf Ludwig den Bayern folgenden Generationen setzte dann eine enorme Intensivierung der Linienbildung ein. Das war nur partiell tatsächliche Teilungsroutine, eine wesentliche Rolle spielte dabei die Belehnungspraxis Ludwigs des Bayern, der seine Stellung als deutscher König und römischer Kaiser zugunsten der eigenen Familie rigoros ausnutzte. Bevor die Konsequenzen dieser Politik demonstriert werden können, muß es nochmals um Ludwig den Bayern selbst gehen.

«Jetzt schärfe deinen Geist, Schreiber! Denn ein schweres Stück Arbeit harret deiner, willst du schildern den langen und langsamen Flug eines gewaltigen Adlers, der töricht zugleich und klug, niedergeschlagen zugleich und heiter, kleinmütig zugleich und tapfer, bei allem Unglück doch glücklich, noch aufstieg, während ihm schon die Flügel versengt waren.» Die Worte des Chronisten sind auf Ludwig den Bayern (1282–1347) gemünzt. Und in der Tat ist das Bild, das wir von Ludwig dem Bayern haben, vielfältig gebrochen, widersprüchlich. Schlachten, Konflikte und Auseinandersetzungen kommen einem zuerst in den Sinn, wenn man an Ludwig denkt.

Das beginnt im Streit mit dem Habsburger Vetter, Friedrich dem Schönen, um die Vormundschaft über die noch unmündigen niederbayerischen Herzöge, das eskaliert zum ersten Mal in der Schlacht von Gammelsdorf 1313, in der die Vormundschaftsfrage blutig zugunsten Ludwigs entschieden wird, das setzt sich fort bei der deutschen Königswahl des Jahres 1314, wo Friedrich der Schöne erneut sein Konkurrent ist, der zwar nicht die Mehrheit der Königswähler hinter sich bringen kann,

Abbildung 4: Kaiser Ludwig der Bayer

aber gleichwohl seine Rolle als Gegenkönig gegen Ludwig behauptet. Dieser Konflikt um die Königswürde entwickelt, angesichts des Anspruchs des avignonesischen Papsttums, Schiedsrichter in deutschen Angelegenheiten zu sein, völlig neue Dimensionen, führt zu fundamentalen Auseinandersetzungen mit diesem Papsttum, die auch dann nicht an Schärfe verlieren, als sich Ludwig gegen Friedrich 1322 in der Schlacht von Mühldorf entscheidend durchsetzt.

Nach der Überwindung des Gegenkönigtums erzwingt Ludwig 1328 die Kaiserkrönung in Rom, und gelingen ihm bemerkenswerte Erfolge in seiner Hausmachtpolitik: 1324 die Belehnung seines Sohnes Ludwig mit dem Kurfürstentum Brandenburg, 1340/41 die Vereinigung Niederbayerns mit Oberbayern, 1342 die Erwerbung der Grafschaft Tirol aufgrund der Heirat Ludwigs des Brandenburgers mit der Tiroler Erbtochter, 1346 der Erwerb der Grafschaften Holland, Seeland und Friesland auf dem Wege der Sicherung der Erbrechte seiner zweiten Gemahlin, Margarete von Holland.

Neben der deutschen Arena, in der es Ludwig dem Bayern um die Durchsetzung seiner Königsherrschaft geht, stehen die angedeuteten Perspektiven seiner – zumindest kurzfristig – überaus erfolgreichen Hausmachtpolitik, begegnen uns, in einer gleichsam europäischen Ausrichtung, sein Streit mit dem Papsttum und, in enger Begrenzung auf das Herzogtum, seine Rolle als bayerischer Landesfürst.

Wenn man die Ergebnisse der Regierungszeit Ludwigs des Bayern knapp bilanziert, dann zeigt sich, daß in der letzten großen Machtprobe zwischen Kaisertum und Papsttum Ludwig der Bayer einen entscheidenden Schritt auf dem Weg zu einem Staatswesen tat, das sich aus sich selbst heraus definierte und dem die Zukunft gehören sollte. – Das Kurfürstentum Brandenburg konnte, unter drei weiteren Söhnen Ludwigs, bis 1373 beim Haus gehalten werden, die Linie Straubing-Holland starb nach drei Generationen wieder aus, Tirol ging ebenfalls, in der zweiten Generation, wieder verloren. – Als bayerischem Herzog sind Ludwig dem Bayern immer zielstrebige Geduld und ein weitblickender Landesausbau attestiert worden, besonders etwa

Die Zeit der Landesteilungen

in seiner Klosterpolitik, wo ihm die Einverleibung der letzten Reichsklöster gelang, oder im Bereich der Gesetzgebungstätigkeit, wo Ludwig zu den ersten Reichsfürsten gehörte, die das geltende Recht schriftlich zusammenfassen ließen.

Insgesamt erkennt man die Weisheit des einleitenden Chronistenurteils: Alles in allem genommen ist die Ausgangsbasis Ludwigs des Bayern für eine zentrale Rolle in der Reichspolitik zu schmal; über eine hinreichende Machtbasis für eine deutsche Königspolitik verfügen nach dem Ende Ludwigs nur noch die Luxemburger und die Habsburger.

Blickt man von dieser Bilanz aus ein weiteres Mal auf die Vielfalt der Linien und Landesteilungen, so muß noch die Linie Bayern-Ingolstadt erwähnt werden. Eingerichtet für einen Enkel Ludwigs des Bayern, Stephan III., den Knäuffel (circa 1337/1375–1413), blühte diese Linie drei Generationen lang, mit

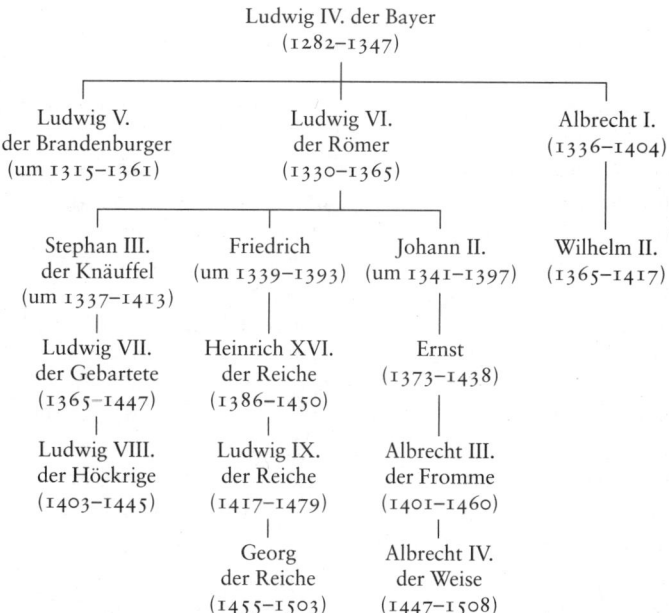

Ludwig VII., dem Gebarteten (1365/1413–1447) und Ludwig VIII., dem Höckrigen (1403/1443–1445). Mit dessen Tod 1445 starb die Ingolstädter Linie aus und fiel deren Territorium an Bayern-Landshut. Die Schwester Ludwigs des Gebarteten, Elisabeth von Bayern, heiratete 1385 den französischen König Karl VI., in den Geschichtsbüchern ist von ihr als Isabeau de Bavière (1371–1435) die Rede.

Seit 1450 gab es nur noch zwei Teilherzogtümer: Oberbayern-München und Niederbayern-Landshut. In Landshut regierten seit 1393 die sogenannten Reichen Herzöge, Heinrich der Reiche zuerst (bis 1450), dann sein Sohn Ludwig der Reiche (1450–1479) und schließlich Georg der Reiche (1479–1503). – Der Reichtum dieser Reichen Herzöge beruhte nicht, wie man lange Zeit geglaubt hat, auf den Einkünften aus den Silberbergwerken von Rattenberg in Tirol, sondern ganz wesentlich auf den Erträgen der niederbayerischen Landwirtschaft. Die Abgaben der Bauern in Getreide und Geld machten in der zweiten Hälfte des 15. Jahrhunderts 49 Prozent der Staatseinnahmen aus. Demgegenüber traten alle anderen Einnahmequellen erheblich in den Hintergrund: 2 Prozent aus indirekten Steuern, 5 bis 15 Prozent aus der allgemeinen Landsteuer, 3 Prozent aus Stadtsteuern, 11 Prozent aus der Gerichtsbarkeit und 9 Prozent aus den Zöllen. Die 64 000 rheinischen Gulden jährlicher Landshuter Einnahmen nehmen sich zwar dürftig aus gegenüber 1 285 000 Gulden in Venedig und 330 000 Gulden der päpstlichen Kurie, aber durchaus stattlich angesichts von 33 000 Gulden in Brandenburg und 30 000 Gulden in Oberbayern.

Als äußere Demonstration solchen Reichtums wird man den Aufwand verstehen dürfen, den man 1475 bei der Hochzeit Georgs des Reichen mit der polnischen Königstochter Hedwig entfaltete, wobei sich die Kosten auf 60 766 Gulden belaufen haben. Und noch die Gründung der Universität in Ingolstadt im Jahre 1472 – Bayern-Ingolstadt hatte man sich 1447 gewaltsam einverleibt – darf als Ausdruck dieser Prosperität gelten.

Der dritte der Reichen Herzöge, Georg der Reiche, bleibt ohne männlichen Nachfolger. In dieser Situation scheint die Wiedervereinigung mit Oberbayern-München unmittelbar bevorzustehen, als Georg der Reiche, voll schroffer Ablehnung gegen den Münchner Vetter, seine Tochter Elisabeth mit Rupprecht von der Pfalz (1481–1504) verheiratet und den Pfälzer Schwiegersohn als Erben bestimmt. Der Landshuter Erbfolgekrieg, der daraufhin losbricht und der im Kern eine rein innerwittelsbachische Auseinandersetzung darstellt, verwüstet drei Jahre lang das Land zwischen Lech und Inn. Entscheidend wird die Parteinahme König Maximilians für den Münchner, für Herzog Albrecht IV., den Weisen (1447/1465–1508); beendet wird der Krieg letztlich durch einen Kompromiß: Die minderjährigen Söhne aus der Ehe Rupprechts mit der Landshuter Prinzessin Elisabeth erhalten eine neu geschaffene «Junge Pfalz», das spätere Herzogtum Pfalz-Neuburg, König Maximilian erhält für seine Vermittlung die Grafschaft Unterinntal um Kufstein.

Die Initiative bei diesem Erbfolgekrieg, überhaupt bei dem Versuch, die Trennung von Oberbayern und Niederbayern zu beenden, lag ganz eindeutig auf seiten der Münchner Linie, die mit großer Energie auf dieses Ziel zusteuerte, was nicht zuletzt schon in der Affaire um Agnes Bernauer (1411–1435) deutlich geworden war. Als die Liebschaft Albrechts III. (1401/1438–1460) – des Vaters des eben erwähnten Herzogs Albrecht IV. – mit der angeblichen Augsburger Baderstochter und eine morganatische, also nicht standesgemäße, Ehe die Legitimität der Sukzession zu gefährden drohte, zögerte der Vater Albrechts III., Herzog Ernst (1373/1397–1438), nicht, Agnes Bernauer im Jahre 1435 hinrichten zu lassen. – Einer übertriebenen Dramatisierung macht man sich wohl nicht schuldig, wenn man solches Vorgehen als Justizmord bezeichnet.

Neben Hinrichtung und Krieg gehörte am Beginn des 16. Jahrhunderts ein drittes Element in den Horizont der Politik der Münchner Linie: die Primogenitur-Ordnung von 1506. Damit wurde die künftige Unteilbarkeit des bayerischen Herzogtums und die Erbfolge in männlicher Linie festgeschrieben. Bayern trat also, nachdem die Teilungen und Verwerfungen im Hause Wittelsbach beendet waren, als ein vergleichsweise geschlossenes Territorium in das 16. Jahrhundert ein, als eine staatliche und dynastische Einheit, als ernst zu nehmender machtpolitischer Faktor im Reich, als eine politische Kraft, die im Süden des Reiches von maßgeblicher Bedeutung war, sich hierbei allerdings konfrontiert sah mit dem Aufstieg des Hauses Habsburg. Und doch, so muß man hinzufügen, sein spezifisches Gewicht gewinnt das Herzogtum der Wittelsbacher in der ersten Hälfte des 16. Jahrhunderts und noch weit darüber hinaus nicht aufgrund der territorialen und erbrechtlichen Grundsatzentscheidungen vom Jahrhundertbeginn. Zentral für die Rolle und das Profil Bayerns wird seine Stellung im Zeitalter der konfessionellen Spaltung. Aufbauend auf den erwähnten Grundsatzentscheidungen erhält das Herzogtum ein Gewicht im Kontext der deutschen, vielleicht der europäischen Geschichte, das weit über die Größe des Landes hinausreicht und viel mit einer genuin wittelsbachischen Geschichte zu tun hat.

Das Konfessionelle Zeitalter

Die Provokationen, Verwerfungen und Lösungswege des Konfessionellen Zeitalters sind in vielfältiger Weise mit Grundgegebenheiten der bayerischen Geschichte, mit der agrarischen Struktur des Landes und mit dem weitgehenden Fehlen urbaner Zentren, aber auch mit dem Wirken höchst effizienter Staatsmänner, wie etwa Leonhards von Eck (1480–1550), verbunden. Und doch gilt, daß das ganz spezifische Profil der bayerischen Politik in diesen fast eineinhalb Jahrhunderten vom Beginn des 16. Jahrhunderts bis zum Westfälischen Frieden ohne die gebührende Berücksichtigung einzelner wittelsbachischer Herrscherfiguren unscharf, defizitär bliebe. Es hat nichts mit einem Rückfall à la Treitschke und seinem Motto «Männer machen Geschichte» zu tun, wenn man sich die Abfolge der bayerischen Herzöge von Wilhelm IV. (1493/1508–1550) über Albrecht V. (1528/1550–1579) und Wilhelm V. (1548/1579–1626) bis zu Maximilian I. (1573/1598–1651) näher anschaut. Man gewinnt den Eindruck, daß sich im Umfeld der bayerischen Entscheidung gegen die neue Lehre, gegen die Reformation und für die Treue gegenüber der alten Lehre und dem Papsttum in intensiverer Weise die individuellen Charakteristika der regierenden Monarchen auswirken als das dann seit der Mitte des 17. Jahrhunderts – in der Abfolge der Kurfürsten Ferdinand Maria, Max II. Emanuel, Karl Albrecht und Max III. Joseph – der Fall sein wird.

Die bayerische Landesgeschichte hat sich immer wieder mit der Frage beschäftigt, warum Bayern so früh und so entschieden gegen die Lehre Luthers Stellung bezog, warum es so konsequent bei der alten Lehre blieb, warum es sich als Speerspitze von Gegenreformation und Katholischer Reform verstand. Viele wichtige Argumente sind in dieser Diskussion vorgebracht worden, die von der Annahme einer besonderen mentalen Be-

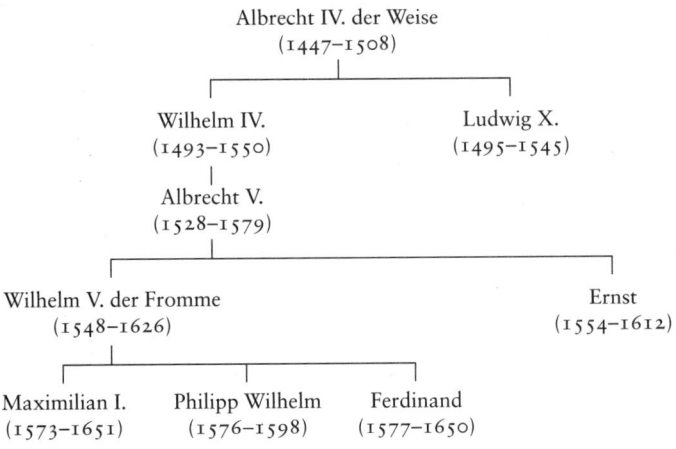

harrungsstruktur des Bayernvolkes bis zur Beobachtung reichen, daß die bayerischen Herzöge in der schon von den Zeitgenossen so bezeichneten «praxis Bavariae» ohnehin über ein Instrument der staatlichen Hoheit über das Kirchenwesen verfügten, das sich andere Landesherren erst durch ihren Anschluß an die Lehre Luthers verschaffen mußten. Und doch reichen die strukturellen Überlegungen, auch wenn sie die Abwehr der Bauernkriegsbedrohung und die Disziplinierung des Adels noch einschließen, nicht aus, um das staunenswerte Phänomen jener konsequenten Glaubenstreue hinreichend verständlich zu machen.

Bei Herzog Wilhelm IV. und seinem Mitregenten Ludwig X. (1495/1516–1545) dürfen wir davon ausgehen, daß sie beide ganz persönlich – jenseits der Wichtigkeit der strukturellen Erklärungsmomente – von der dogmatischen Richtigkeit der alten Lehre ausgingen, daß sie die Lehre Luthers für eine Häresie hielten. Und in vergleichbarer Weise hat man individuell zu argumentieren, wenn es um die, gelegentlich den konfessionellen Ausgleich ansteuernde, Politik Albrechts V., die dezidierte Frömmigkeitspraxis Wilhelms V. und etwa den marianischen Enthusiasmus Maximilians I. geht.

Wenn wir uns nun diesen vier Figuren der bayerisch-wittelsbachischen Geschichte zuwenden und mit Wilhelm IV., dem Sohn jenes Albrecht IV., der die Primogenitur-Ordnung auf den Weg gebracht hatte, beginnen, dann tritt nochmals die Frage nach den Motiven, aber auch jene nach den Strategien des herzoglichen Handelns in den Vordergrund.

Der äußere Ablauf der verschiedenen Stationen dieser Religionspolitik ist schnell erzählt. Anfang Februar 1522 wird auf der Grünwalder Konferenz zwischen den beiden Herzögen Wilhelm IV. und Ludwig X. eine kirchenpolitische Agenda entworfen, die in der Literatur immer wieder als der erste entscheidende Schritt zu einer aktiven und dynamischen bayerischen Abwehrpolitik gegenüber der Reformation beurteilt worden ist. Und doch treffen sich in diesem Aktionsprogramm bereits die beiden erwähnten Stränge der herzoglichen Kirchenpolitik; die Abwehr der Reformation geht einher mit einem entschiedenen Willen zur Reformbereitschaft im altkirchlichen Bereich. Mit der Grünwalder Konferenz verpflichten sich die Herzöge auf ein Projekt des staatlichen Glaubenszwanges, verbunden mit dem Prinzip obrigkeitlicher Reformmaßnahmen.

In dieser Polarität von Glaubenszwang und Reformmaßnahmen bewegt sich auch das erste bayerische Religionsmandat vom 5. März 1522: Die Herzöge berufen sich darin auf die Verurteilung Luthers, wie sie von Kaiser und Papst ausgesprochen worden war, sie argumentieren mit der Gefahr für die überkommene Kirchlichkeit, die das reformatorische Vorgehen beinhalte, sie fordern konkret die Beamten zum Einschreiten gegen die neue Lehre auf und sie appellieren an den Salzburger Erzbischof, eine Versammlung einzuberufen, um die Reform der alten Kirche voranzutreiben.

In der Forschung herrscht heute weithin ein Konsens dahingehend, daß die Lage der Kirche im spätmittelalterlichen Bayern kein so spezifisches Profil aufweist, als daß daraus die Politik der energischen Reformationsabwehr zu erklären wäre. Das gilt in positiver wie in negativer Weise. Die bayerischen Verhältnisse waren, wenn man es etwas plakativ formuliert, insgesamt wohl nicht besser, aber auch nicht schlechter als die in den anderen deutschen Territorien. Das heißt, daß die Verhältnisse als solche uns keinen Erklärungsgrund für das herzogliche und staatliche Handeln liefern.

Welchen Gewinn, so ließe sich fragen, brachte es den bayerischen Herzögen, wenn sie bei der alten Lehre blieben und sich im Bündnis mit dem Papsttum für eine Reform der alten Kirche einsetzten? Der Fortbestand der Reichskirche ermöglichte ein System, nachgeborene Fürstensöhne mit geistlichen Sekundogenituren ausreichend zu versorgen; der Einsatz für die alte Kirche konnte dazu dienen, das System der staatlichen Kirchenhoheitsrechte weiter auszudehnen, die Kirche stärker in den sich ausbildenden frühneuzeitlichen Fürstenstaat einzubinden; die Anlehnung an den Kaiser ließ erwarten, dadurch die reichspolitische Position des bayerischen Herzogtums verbessern zu können; der Staat konnte hoffen, mittels einer reformationsabwehrenden Politik den Gefahren des politisch-sozialen Umbruchs, wie sie etwa im Kontext des Bauernkriegs überdeutlich wurden, erfolgreich begegnen zu können.

Und doch scheint die Herzöge nicht in erster Linie eine solche Gewinn- und Verlustrechnung bestimmt zu haben. Schon 1521 erklärte Wilhelm IV. dem venezianischen Gesandten Contarini, daß Luther in ganz Deutschland wohl nicht nur begrüßt, sondern angebetet worden wäre, wenn er sich nicht auf offensichtliche Glaubensirrtümer eingelassen hätte. Wenn man eine solche Aussage ernst nimmt, dann muß man daraus folgern, daß für die Entscheidung des Herzogs das genuin religiöse Moment, die Gewissensfrage von zentraler Bedeutung gewesen ist.

Die bayerische Wendung gegen die Reformation also: eine Entscheidung, die mit bloßem Opportunismus nicht erklärt werden kann, die aber andererseits auch nicht so zu verstehen ist, als ob sie Wilhelm IV. gegen die Interessen des Landes und gegen die Traditionen des Herzogtums hätte durchsetzen müssen.

Ohne ein Beamtentum, das in gleichgerichteter Weise die herzoglichen Initiativen realisierte, ist letztlich die herzogliche Politik insgesamt nicht denkbar. Die Kirchenpolitik der 1520er

Jahre fiel in eine Epoche, in der sich die Begründung und der Ausbau von staatlichen Zentralbehörden vollzogen. Anders ausgedrückt: Die sich entwickelnde staatliche Bürokratie war von Anfang an Instrument einer Politik der Kirchenreform und der Gegenreformation; Modernisierung im administrativen Bereich und Kirchenpolitik standen also in einem unauflöslichen Wechselspiel. Und ein Zweites ist ebenso wichtig: Die Kurie war offensichtlich zutiefst davon überzeugt, daß ohne das staatliche Wirken die Sache der alten Kirche zumindest in Bayern, darüber hinaus aber vielleicht in ganz Deutschland, verloren gewesen wäre.

Drei verschiedene Perspektiven muß man auseinanderhalten, wenn von den weitreichenden Folgen und Wirkungen dieser Politik die Rede ist. 1. Mit den Entscheidungen der 1520er Jahre wurde die bayerische Konfessions- und Kirchenpolitik für die nächsten Jahrhunderte festgelegt, wenn man so will, wurde mit ihnen ein bayerischer Sonderweg innerhalb der deutschen Geschichte grundgelegt. 2. Die Haltung Bayerns kann als maßgeblich angesehen werden dafür, daß die katholische Sache im Süden und Westen des Reiches nicht verlorenging und daß das tradierte Reichssystem erhalten werden konnte. 3. In der gegenteiligen Sehweise bedeutete die Entscheidung Bayerns, beim alten Glauben zu bleiben, dann allerdings auch, daß Deutschland zum Hauptkampfplatz der kontroversen Ideen und der politisch-konfessionellen Kräfte wurde.

Je nachdem, welche Perspektive man in den Vordergrund einer Interpretation dieser Vorgänge schiebt, fallen die Urteile verschieden aus. Und in der Tat ist das bayerische Verhalten im unmittelbaren Gefolge der Reformation immer wieder zum Gegenstand konkurrierender, auch konfessionell akzentuierter Wertungen geworden. Was den einen als kulturell befruchtende Orientierung Bayerns nach Italien und Spanien hin und als kraftvoller Erneuerungswille gilt, ist den anderen – wie etwa dem Historiker Leopold von Ranke im 19. Jahrhundert – der Ursprung der Spaltung der Nation und die selbstgewollte Ausschaltung vom weiteren Gang der deutschen kulturellen Entwicklung; was als Verdienst um die katholische Sache gepriesen wird, wird als machtpolitisches Kalkül um enger Interessen willen gescholten.

Die Bemerkungen zu Albrecht V. können knapper ausfallen: Neben Ansätzen religionspolitischer Toleranz zumindest in außenpolitischer Hinsicht steht das zweifelsfreie Beharren auch Albrechts V. auf der alten Lehre in persönlicher Hinsicht; neben einem fürstlichen Mäzenatentum, das sich der Kunst, den Büchern, der Musik in einer nicht anders denn grandios zu nennenden Weise zuwendet, gibt es den scharfen Konflikt mit den Ständen; neben konfessionellen Ausgleichsbemühungen bis hin zur Vertretung der Forderung nach dem Laienkelch gegenüber dem Papst begegnet der härtere konfessionspolitische Kurs auch im Inneren seit der Niederschlagung einer Adelsverschwörung.

Mit der Beseitigung der ständischen Opposition und der Ausschaltung einer ernst zu nehmenden Gefahr im Sinne eines weiteren Vordringens der evangelischen Bewegung endete das herzogliche Engagement für den katholischen Glauben nicht, im Gegenteil. Dieses Engagement, das sich zusammensetzte aus aktiven Reformmaßnahmen und dem Einsatz der staatlichen Gewalt gegen die Anhänger der neuen Lehre, bildete eine Einheit, wenn man die Regierungspolitik vor und nach der Niederschlagung der Adelsopposition betrachtet. Da war etwa in München die Vertreibung von 15 Familien, die sich zur Lehre Luthers bekannt hatten und zu denen drei Mitglieder des Äußeren Rates gehörten; ebensolche Vertreibungen sind aus Wasserburg, aus Straubing, aus Landshut überliefert. Da kam es zur Aufstellung eines Index der verbotenen Bücher und zur Gründung eines Geistlichen Ratskollegiums, das die Maßnahmen der staatlichen Kirchenpolitik zu koordinieren hatte. Und da war vor allem die Berufung der Jesuiten, die sich in Ingolstadt an der Universität, in München und Landshut festsetzen konnten, die in München das erste von acht bayerischen Gymnasien eröffneten, die einen entscheidenden Einfluß auf die Erziehung der akademischen Jugend in Ingolstadt gewannen.

Schwerer als mit den äußeren Ereigniszusammenhängen seiner Regierungszeit tut man sich mit der Person Wilhelms V. selbst. Schon von den Zeitgenossen mit dem Beinamen «der

Fromme» versehen, wurde er als Fürst stilisiert, «der sich noch zum Letzten herunterließ, Arme speiste und Dirnen eine Mitgift gab, sich geißelte, fastete, bei glühender Sonnenhitze, den Stecken in der Hand, nach Tuntenhausen wallfahren ging.» Dazu paßt dann die Vorstellung vom melancholischen Zug in seinem Wesen, das ihn knapp fünfzigjährig auf seine Herzogswürde verzichten und ihn seinen Frieden in den Einsiedeleien um Schleißheim und Schloß Neudeck finden ließ, während sein Sohn und Nachfolger Maximilian I. energisch die Geschäfte übernahm. Gegenüber der Deutung seines Rückzugs vom Herrscheramt als eines Aktes der Frömmigkeit wird man heute ganz nüchtern auf die Unfähigkeit Wilhelms V. verweisen müssen, mit dem finanzpolitischen Chaos, zu dem seine Regierungszeit geführt hatte, fertig zu werden. Umgekehrt wird man aber auch das Bild zu revidieren haben, das die liberale Historiographie des 19. Jahrhunderts von diesem Wittelsbacher entworfen hat und das in ihm nur noch den finsteren Jesuitenzögling sah.

Bei der Behandlung der staatskirchlichen Verhältnisse der Zeit Wilhelms V. münden alle bisherigen Entwicklungsstränge zusammen, häufen sich von daher auch die Interpretationsprobleme: das energische Vorgehen im Inneren des Herzogtums gegen die Anhänger der lutherischen Lehre; das Engagement für die innerkirchliche Reform, für die Wirksamkeit der Reformorden zu allererst; die Absicht, im Konkordat von 1583 das mittlerweile praktizierte System des bayerischen Staatskirchentums, die «praxis Bavariae», absegnen, päpstlicherseits sanktionieren zu lassen; der Wille, zur Stärkung der katholischen Sache auch außerhalb der eigenen Landesgrenzen beizutragen, auf die Verhältnisse in Österreich im Dienste der katholischen Lehre einzuwirken; und schließlich das weite Ausgreifen der herzoglichen Bistumspolitik, für das immer das Ringen um den Kölner erzbischöflichen Stuhl für Ernst, den Bruder Wilhelms V., gestanden ist; das Hineinwachsen oder Hineingezogenwerden in Zusammenhänge der europäischen Politik; die Allianz mit den gegenreformatorischen Vormächten, dem Papsttum und Spanien.

Ein sinnfälligeres Signal der Wertschätzung der Jesuiten, dieses wichtigsten katholischen Reformordens, der 1559 seine erste Niederlassung in München hatte errichten können, als der Bau von St. Michael läßt sich kaum denken. Die Religionspolitik Wilhelms V. im Inneren des Herzogtums ist überhaupt durch Intensivierung und Steigerung der Politik seiner Vorgänger gekennzeichnet. Das gilt für die Visitationen im ganzen Land, für den Einsatz für die Klerusreform, für die Förderung der Jesuiten und ihrer Bemühungen um neue Andachts- und Frömmigkeitsformen. Die Abfolge der jesuitischen Gründungen in der Zeit Wilhelms V. spricht für sich selbst: 1578 Landsberg, 1579 Augsburg, 1589 die Übernahme von Biburg, 1590 Regensburg, 1591 Altötting, 1595 die Übernahme von Ebersberg. Die jesuitische Ausrichtung Wilhelms V. hat viel dazu beigetragen, das Herzogtum Bayern auch kulturell ganz eng an die katholischen Kernländer, an Spanien, an den italienisch-romanischen Kulturraum anzubinden. Die bayerische Barockkultur des 17. und 18. Jahrhunderts ist ohne dieses Wirken, ohne diese herzogliche Förderung nicht vorstellbar.

Wenn man versucht, eine Liste der Prioritäten Maximilians I. aufzustellen, sind die folgenden Gesichtspunkte, ohne sie im einzelnen gewichten zu wollen, unerläßlich. Da ist einmal das dynastisch-territorialstaatliche Interesse Maximilians, die Sorge um den Rang seines Hauses, um die Stellung Bayerns; damit verband sich ein reichspolitisches Interesse, um seine Stellung innerhalb des Kreises der Reichsfürsten, seine Stellung gegenüber dem Kaiserhaus. Nun darf man aber diese beiden Leitlinien der maximilianeischen Politik nicht voneinander losgelöst betrachten, vielmehr ist zu sehen, daß sowohl seine Dynastie- und Territorialstaatspolitik wie auch seine Reichspolitik sich sehr häufig realisierten im Medium der Religions- und Kirchenpolitik. Im Herzogtum selbst ist er energisch darum bemüht, den inneren Staatsausbau voranzutreiben, die Effizienz der Verwaltung zu steigern, die Staatseinnahmen zu erhöhen, die kirchlichen Reformen zu intensivieren.

Jede systematische Untersuchung der maximilianeischen Politik muß sich bewußt sein, daß mit solchen Auflistungen Einzel-

Abbildung 5: Kurfürst Maximilian I.

bereiche voneinander getrennt werden, die in der Realität der geschichtlichen Situation der ersten Hälfte des 17. Jahrhunderts vielfach miteinander verwoben waren. Ein Beispiel: Zwar wird man mit gutem Recht die Maßnahmen der innerkirchlichen Reform als eigenen Komplex der Politik Maximilians I. herauslösen können, gleichzeitig ist jedoch zu berücksichtigen, daß diese innerkirchlichen Reformen im Zuge ihrer Realisierung die äußere Gestalt eines kirchlichen Polizeiregiments annahmen, das wiederum nicht losgelöst werden kann von den absolutistischen Tendenzen der maximilianeischen Politik.

Die persönliche Frömmigkeit Maximilians I. steht außer Frage. Begründet bereits in Kindheit und Jugend, prägte die Frömmigkeit den Lebensstil des Fürsten in einer Weise, daß hinter dieser Religiosität andere Züge seiner Persönlichkeit und seines Charakters zurückzutreten scheinen. Allerdings muß man hinzufügen, daß wir kaum authentische, unmittelbare Selbstzeugnisse Maximilians besitzen, die den Kern seiner religiösen Überzeugungen belegen; wir sind auf die äußeren Zeugnisse dieser Frömmigkeit angewiesen und auf Quellen, denen gegenüber man eine gewisse Vorsicht walten lassen muß. Das gilt für Johannes Vervaux, den ersten Historiographen Maximilians, der gleichzeitig der letzte Beichtvater des Fürsten war, und auch noch für die Berichte der Nuntien vom Münchner Hof. Auch wenn hier vieles Stilisierung sein mag, ein im Kern verzerrtes Persönlichkeitsbild, das uns diese Quellen hinsichtlich der Religiosität des Fürsten entwerfen, ist indes mit Sicherheit nicht anzunehmen.

Dort liest man von der vielfältig belegten Intensität des täglichen Gebets, vom Besuch von wenigstens zwei hl. Messen am Tag, von der Teilnahme an den kirchlichen Hochfesten, an der Münchner Fronleichnamsprozession, vom regelmäßigen Sakramentenempfang, von der abendlichen Gewissenserforschung, vom Rosenkranz unter dem Kopfkissen des Fürsten. Im Kloster Ranshofen, nach dem Tod seiner Gemahlin Elisabeth, wohnte Maximilian I. täglich – 40 Tage lang – drei Stunden kniend dem Gottesdienst bei; in seiner Handbibliothek befand sich ein großer Bestand an theologischer Literatur; die bevorzugten

Wallfahrtsorte waren Altötting, Tuntenhausen, Andechs. Ganz im Zentrum seiner Frömmigkeit standen schließlich die Reliquienverehrung – man denke nur an die Reiche Kapelle in der Residenz – und die Marienverehrung. Das alles verband sich mit einem Zug zur Strenge, zum tiefen Ernst, zur Askese auch. «In manicipium tuum me tibi dedico consacroque Virgo Maria hoc teste cruore atque chyrographo, Maximilianus peccatorum coryphaeus» («Dir gebe ich mich ganz zu eigen, Dir weihe ich mich, o Jungfrau Maria, wie ich es mit meiner Blutunterschrift bezeuge: Maximilian, der oberste der Sünder»): Das ist der Wortlaut des Blutweihebriefes, den er im Altar der Gnadenkapelle in Altötting einbringen ließ.

Man kann von einem markanten Gegensatz zwischen Maximilian I. und seinem Vater Wilhelm V. ausgehen: Wilhelm V. baute eine große Kirche, St. Michael, im Zentrum der maximilianeischen Bauschöpfungen stand kein Gotteshaus, sondern die Residenz. Auf diesen Gegensatz ist immer wieder hingewiesen worden, und in der Tat markiert er einen tiefgreifenden Unterschied zwischen Vater und Sohn. Das Beispiel läßt sich ins Allgemeine wenden. Mit der Religiosität und Frömmigkeit Maximilians I. greift man ganz sicherlich einen wichtigen Teil seiner Persönlichkeit; eine Charakterstudie, gar ein Psychogramm seiner Persönlichkeit bliebe dürftig, wenn man diesen Aspekt vernachlässigen würde. Und doch ist unübersehbar, daß man damit nicht den ganzen Maximilian hat. Zu diesem gehören wesentlich der exzessive Bürokrat, der kühle Rechner, der Fürst, der allen Wert auf die große Repräsentation seiner fürstlichen Würde legte und – auch das darf nicht vergessen werden – der Kunstsammler, der Sammler Albrecht Dürers.

Im Mittelpunkt der von Maximilian I. betriebenen Intensivierung des religiös-kirchlichen Lebens steht die Marienverehrung; hier können wir ganz unmittelbar die Verbindungslinie ziehen zwischen der persönlichen Religiosität des Fürsten und den dem Land verordneten Frömmigkeitsformen. Unter Maximilian I. wird Bayern ein marianisches Land: Die Mehrzahl der Marienpatrozinien geht auf die erste Hälfte des 17. Jahrhunderts zurück, wichtige politische und militärische Entscheidungen legt

Maximilian I. auf Marienfeiertage, seinen erstgeborenen Sohn läßt er auf den Namen Ferdinand Maria taufen, seit 1631 wird den bayerischen Talern das Marienbild aufgeprägt, die Mariensäule in München ist das Zentrum des Landes, die Widmung des ganzen Landes an die Gottesmutter, die Patrona Bavariae an der Fassade der Residenz, das Marienmotiv als Staatssymbol ist Programm.

Im Konfessionellen Zeitalter, es war einleitend davon die Rede, sieht man das Haus Wittelsbach auf dem Höhepunkt seiner europäischen Bedeutsamkeit; die Sequenz der biographischen Skizzen in diesem Kapitel kulminierte von daher nicht ohne Grund in Person und Politik Maximilians I., für den dieses Urteil in jedem Falle zutrifft. Und doch blieb bislang, bei einer erkennbar altbayerischen Engführung, ein Teilaspekt dieses Konfessionellen Zeitalters völlig ausgeblendet, den man indes wesentlich zu gewichten hat, will man die ganze Dramatik des Zeitalters und vor allem auch jene der wittelsbachischen Familiengeschichte ermessen.

Wir haben die Pfälzer Linie des Hauses Wittelsbach mit Rudolf dem Stammler (1274/1294–1319) einerseits und den Festlegungen des Hausvertrags von Pavia andererseits verlassen (vgl. S. 30 ff.). Die Fülle der Filiationen im pfälzischen Zweig der Familie läßt sich verbal nicht eigentlich bewältigen; sie bedarf der genealogischen Schemata, um die Übersicht zu bewahren. Die alte pfälzische Kurlinie geht von den Söhnen Rudolfs über Rupprecht II. (1325/1390–1398) und Rupprecht III. (1352/1398–1410), der 1400 zum deutschen König gewählt wird, zu den Kurfürsten Ludwig III. (1378/1410–1436), Ludwig IV. (1424/1436–1449), Philipp (1448/1476–1508) und Friedrich II., den Weisen (1482/1544–1556), bis zu Kurfürst Ottheinrich (1502/1556–1559), mit dem diese Linie ausstirbt. Mit den Söhnen Rupprechts III. setzt eine Aufteilung in vier verschiedene Linien ein: in die Kurlinie Heidelberg (die mit Ottheinrich endet), die Linie Neunburg-Oberpfalz (die Christoph, den König von Dänemark, Schweden und Norwegen hervorbringt und mit diesem ebenfalls ausstirbt), die Linie Simmern-Zweibrücken-Veldenz und die Linie Mosbach, die 1499 endet.

Das Konfessionelle Zeitalter

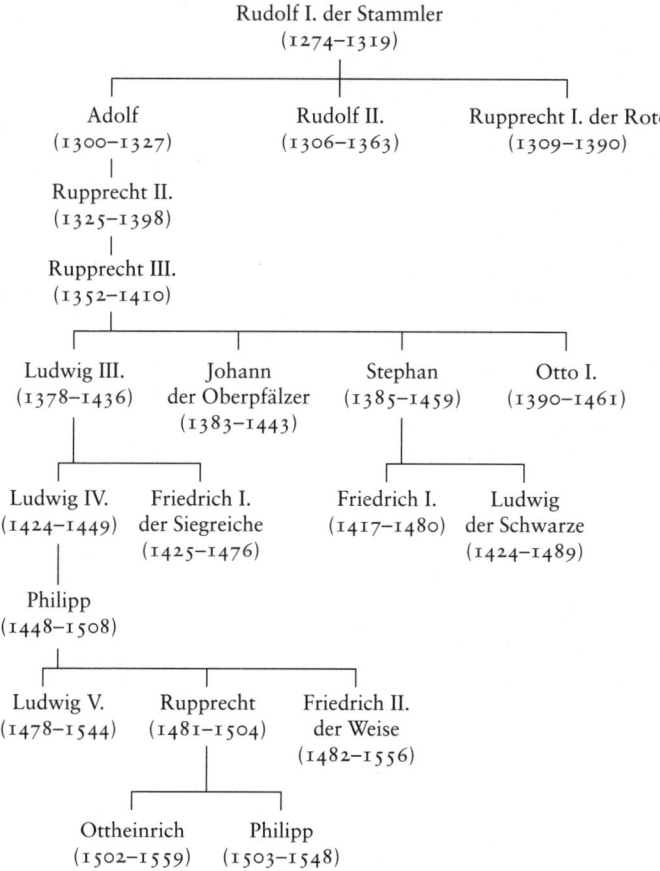

Mit den Söhnen von Pfalzgraf Stephan (1385–1459), der seinerseits ein Sohn von Kurfürst Rupprecht III. und damit ein Bruder von Kurfürst Ludwig III. ist, werden die Linien Simmern-Sponheim und Zweibrücken-Veldenz begründet. Erstere geht mit Kurfürst Friedrich III. (1515/1559–1576), der 1566 zum Calvinismus übertritt, in die kurpfälzische Linie über, in der wir drei Generationen später Kurfürst Friedrich V. (1596–

1632) begegnen. Dieser Friedrich, der 1613 die Tochter König Jakobs von England heiratet, tritt 1610 die Regierung in der Pfalz an: als Haupt der protestantischen Union, als Exponent der evangelischen Bewegungspartei, als Widerpart des Protagonisten der gegenreformatorischen Partei, Maximilians I. Als solcher wird er, Kurfürst Friedrich V., 1619 von den protestantischen Ständen in Böhmen zum Nachfolger des abgesetzten habsburgischen Königs Ferdinand II. gewählt und noch im selben Jahr in Prag gekrönt, was ihm den Spottnamen «Winterkönig» einbringt. Als solcher wird er in der Schlacht am Weißen Berg 1620 der Gegner seines wittelsbachischen Vetters Maximilian I. Auf Friedrichs Niederlage folgen die Flucht, die Ächtung und der Verlust der Kurwürde, die nunmehr an die herzogliche, die altbayerische Linie geht.

Absolutismus, Barock und Aufklärung

Im Sinne einer traditionellen Epochenbildung mit ihren kanonisierten Zäsuren kommt dem Jahr 1648 eine ganz besondere Bedeutung zu: Mit dem Westfälischen Frieden, der den 30jährigen Krieg abschließt, wird häufig das Ende des Konfessionellen Zeitalters markiert. Und doch greift diese Perspektive zu kurz, darf man versuchen, die innere Einheit der Epoche von der Mitte des 17. bis zum Ende des 18. Jahrhunderts auch noch in anderen Zusammenhängen zu erblicken. Ein solcher Versuch erscheint vor allem dann wichtig, wenn im folgenden die Geschichte des Hauses Wittelsbach und jener Territorien skizziert werden soll, die von seinen verschiedenen Linien regiert werden.

Es ist hier nicht der Ort, die Debatte auszubreiten, die um die Verwendbarkeit des Absolutismus-Begriffs für ebendiesen Zeitraum geführt wird. Natürlich weiß man heute, daß die mit der Verwendung dieses Begriffs suggerierte Einheitlichkeit der staatlich-gesellschaftlichen Entwicklung nicht existierte, daß man die deutschen Verhältnisse nicht als eine Kopie der französischen mißverstehen darf. Vor allem aber weiß man, daß der Westfälische Friede von 1648 den Sieg der Reichsfürsten, der Territorien über die Zentralgewalt bedeutete, daß dieser Sieg nicht im Sinne einer Föderalismus-Ideologie stilisiert werden darf, sondern als Sieg genuin dynastischer Interessen verstanden werden muß. Es ist weit mehr als eine bloße Äußerlichkeit, wenn nicht das Reich in seiner Gesamtheit Vertragspartner bei den Friedensschlüssen von Münster und Osnabrück war, sondern wenn der Kaiser und seine Verbündeten, der König von Frankreich und seine Verbündeten sowie der König von Schweden und seine Verbündeten Frieden schlossen. Von hier aus führte der Weg zur vollen Ausprägung des «ius territoriale», der landesherrlichen Hoheit. In den Territorien gelangen die Zurückdrängung der ständischen Gewalten, die Durchsetzung des fürstlichen Willens, die ambitionierte Repräsentation des monarchischen Anspruchs in Residenzen und Residenzstädten, die Emanzipation von der ständischen Mitwirkung bei Steuern und Finanzen. Ob man diesen Komplex nun mit dem Etikett des Absolutismus versieht oder dafür einen anderen Begriff wählt, braucht in unserem Zusammenhang nicht die entscheidende Frage zu sein.

Die vielleicht zum Kernbestand historischen Wissens zählende Formulierung des Westfälischen Friedens, daß es den einzelnen Territorien des Reiches gestattet sei, Bündnisse zu schließen, sofern diese sich nicht gegen Kaiser und Reich richteten, verweist auf einen zweiten Umstand, der geeignet ist, die eineinhalb Jahrhunderte nach der Mitte des 17. Jahrhunderts als Einheit zu verstehen. Die deutschen Territorien wurden, um es gleichsam poetisch zu formulieren, zu Figuren auf dem Schachbrett der europäischen Diplomatie, agierend, im Falle von Preußen und Österreich, verschoben in der Regel im Falle der kleinen und mittleren Territorien. Es war das Zeitalter der Koalitionen und Allianzen, das zwar heute nicht mehr jene Attraktivität ausstrahlt, die es einst für eine primär ereignisgeschichtlich fixierte Historiographie besaß, das aber gleichwohl in diesem Spezifikum wahrgenommen werden muß, gerade wenn man sich vorrangig mit Dynastien und regierenden Häusern beschäftigt.

Dieser Hinweis auf zwei, wie Ranke das genannt hätte, vorwaltende Tendenzen des Zeitalters, ist vielleicht auch geeignet, die Einschätzung nachvollziehen zu können, mit der die Erörterung des Konfessionellen Zeitalters einsetzte, daß – bei aller individuellen Farbigkeit der Figuren – die Abfolge der bayerischen Kurfürsten nach Maximilian I. weit weniger von je unverwechselbaren Profilen und davon ausgehenden politischen Wirkungen gekennzeichnet ist. Nimmt man diese in den Blick, so ist man vorab gut beraten, sich zuerst noch mit einer dritten generalisierenden Einschätzung auseinanderzusetzen, mit dem Bild des barocken Bayern.

Mit diesem Bild sind zwei Perspektiven eröffnet, die es kurz anzusprechen gilt. Es ist, erstens, aus heutiger Sicht festzuhalten, daß keine andere Kulturepoche das bayerische «Image» auch noch der Gegenwart so entscheidend bestimmt hat wie die des Barock. Eine solche Feststellung kann sich gründen auf die Argumentation noch der Fremdenverkehrswerbung unserer Tage, in der der Topos einer angeblich überbordenden barocken Lebensfreude integriert erscheint in eine sprichwörtlich bayerisch-barocke Lebensart, zu der dann schier alles gehört, vom Oktoberfest bis zum Biergarten, von der Wieskirche bis zum Oberammergauer Passionsspiel. Über Jahrhunderte hinweg, bis herein in die ersten Jahrzehnte des 20. Jahrhunderts, war dieses Bild des barocken Bayern – und das ist die zweite Perspektive – durchgängig negativ besetzt. Das gilt für die Vertreter der Aufklärung in Bayern selbst, das gilt für protestantische «Nordlichter» und für nationalliberale Historiker des 19. Jahrhunderts im Überschwang ihrer Begeisterung für die gelungene Reichsgründung von 1871. Die Formulierungen, die dabei zur Charakterisierung Bayerns im Zeitalter des Barock Verwendung finden, entbehren nicht einer gewissen Härte: Von Unkultur, Trägheit und geistiger Verkümmerung ist dabei die Rede, von sittlicher Verwahrlosung des Volkes, vom Überhandnehmen der groben Laster ebenso; und alles sei zurückzuführen auf Mönchswahn und Mönchssinn, auf Priesterdruck und Priesterdünkel, auf das jesuitische Erziehungssystem und römischen Aberglauben.

Es ist hier nicht auf die einzelnen Stationen des Wandels bei der Beurteilung des bayerischen Barock einzugehen, der bezeichnenderweise von der Kunstgeschichte ausging, sondern nur noch hinzuzufügen, daß der geschichtswissenschaftliche Paradigmenwechsel bei der Einschätzung des Barock in dem Moment begann, als man erkannte, daß Kirche, Kirchlichkeit, Frömmigkeit und Religiosität nicht spirituelle Zutaten zu einer ansonst säkularen Lebenswirklichkeit waren, sondern den eigentlichen Kern dieser Wirklichkeit ausmachten, man also, anders formuliert, die Geschichte des Barockzeitalters in Bayern als Frömmigkeitsgeschichte verstand und einordnete.

Bevor man sich nun wirklich den einzelnen Kurfürsten in München zuwenden kann, sind doch noch zwei weitere, miteinander sehr wohl verbundene, Bemerkungen voranzustellen. –

Zäsuren haben es ja so an sich, daß man sie in ihrer Tragfähigkeit immer auch diskutieren kann und muß. Und in dynastischer, näherhin in wittelsbachischer Hinsicht gilt das für 1648 in besonderer Weise. Was die Stellung des Hauses angeht, so markiert unstrittig schon das Jahr 1623 einen markanten Einschnitt, weil hier die Erhöhung Bayerns zum Kurfürstentum, Maximilians I. zum Kurfürsten stattfand. Der Aufstieg in den höchsten Kreis der Reichsfürsten mit dem vornehmsten Recht der Königswahl war – seit der einseitigen Zuweisung der Kurwürde an die pfälzische Linie der Wittelsbacher unter Kaiser Karl IV. – auf einer Prioritätenliste der bayerischen Politik immer ganz oben angesiedelt gewesen. Um so wichtiger war es, daß der Erfolg des Jahres 1623 über den Westfälischen Frieden hinweg gerettet werden konnte.

Und bei einem weiteren Spezifikum der wittelsbachischen Stellung bzw. Politik im Reich stellt das Jahr 1648 ebenfalls nicht wirklich eine Zäsur dar: bei der wittelsbachischen Bistumspolitik. Die geistlichen Fürstentümer sind eine Besonderheit der deutschen Verfassungsgeschichte, die in ihren Anfängen zurückreicht bis zum Ottonischen Reichskirchensystem. Die geistlichen Reichsfürsten, um die es hier geht, nahmen eine Zwitterstellung ein, sie waren Bischöfe und Territorialherren, geistliche und weltliche Herren in einem; drei dieser geistlichen Reichsfürsten, jene von Mainz, Trier und Köln, stiegen sogar in den Rang von Kurfürsten auf. 25 männlichen Mitgliedern des Hauses Wittelsbach – der bayerischen wie der pfälzischen Linie – gelang es bis zum Ende des Alten Reichs, die Würde eines geistlichen Reichsfürsten zu erringen.

Die geistlichen Fürstentümer waren nicht vererblich, sie wurden durch Wahl übertragen, die Territorien blieben demgemäß verschont von Teilungen und Erbstreitigkeiten; die Inhaber dieser Würden waren nicht immer für ihre Doppelaufgabe in gleicher Weise geeignet; die Tatsache der Wahl ermöglichte jeweils vielfältige auswärtige Einflußnahmen; die zeitgenössische Redeweise, daß unter dem Krummstab gut leben sei, verweist auf das Schwergewicht der Politik jener geistlichen Territorien, die sich weniger am Machtstaatsprinzip orientierte, sondern im Bereich der inneren Staatsarbeit, auf dem Feld der künstlerischen und kulturellen Hervorbringungen ihre Akzente setzte.

Seit Herzog Albrecht V. können wir eine spezifisch wittelsbachische Bistumspolitik beobachten, die sich aus verschiedenen Motiven speiste: Nachgeborenen Söhnen konnte eine standesgemäße Versorgung verschafft werden; die reichspolitische Stellung des Hauses Wittelsbach konnte dadurch erhöht, der Verlust der bayerischen Kurwürde – wenn man in Köln, Mainz oder Trier erfolgreich war – kompensiert werden; im Konfessionellen Zeitalter und angesichts einer dezidiert gegenreformatorischen Haltung des Hauses mochte man darin auch einen Dienst an der katholischen Sache erblicken.

Grundsätzlich standen einer solchen Politik Beschlüsse und Festlegungen des Konzils von Trient im Wege: das Pfründenhäufungsverbot und das Prinzip der Residenzpflichtigkeit der geistlichen Oberhirten. Die wittelsbachische Bistumspolitik war nur zu realisieren, wenn die Kurie im Blick auf das Haus Wittelsbach von diesen Vorschriften absah. Genau diesen Preis indes war die Kurie zu zahlen bereit, da, wie es der päpstliche Legat Commendone schon in den 1560er Jahren formulierte, «die unschätzbare Freundschaft Bayerns nur durch außerordentliche Opfer erkauft» werden konnte.

Im Zentrum dieser wittelsbachischen Ambitionen stand unstrittig das Erzstift Köln, dessen wittelsbachische Zeit hier knapp zu skizzieren ist. 1573 wird Ernst (1554–1612), der jüngere Sohn von Herzog Albrecht V., zum Bischof von Hildesheim gewählt; 1581 erwirbt er das Bistum Lüttich, 1583 Köln, 1585 Münster. Dadurch entstand auf der einen Seite ein territorialer Block im Nordwesten des Reiches, von dem machtpolitische Wirkungen im Sinne der katholischen Sache ausgingen, allzumal unter Erzbischof Ernst eine massiv gegenreformatorische Politik betrieben wurde. Auf der anderen Seite stehen der lebenslange Unwille, den Ernst gegenüber dem geistlichen Amt hegte: seine permanente Weigerung, die Bischofsweihe zu empfangen, sein Lebenswandel, die Jagd, die höfischen Vergnügungen und die sittlichen Verfehlungen. Prinz Ferdinand (1577–1650), Sohn von Herzog Wilhelm V., wird ihm deshalb 1595

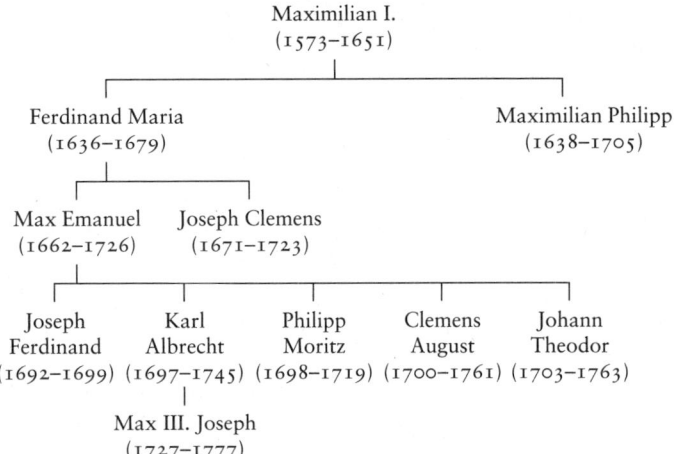

als Koadjutor beigegeben. Er ist dem geistlichen Amt wirklich zugetan, er folgt Ernst 1612 dann in Köln und auch in den anderen Hochstiften nach, wozu 1618 noch Paderborn kommt. 1642 gelingt es erneut, einen nachgeborenen wittelsbachischen Prinzen zum Koadjutor zu machen: Maximilian Heinrich (1621–1688), der Neffe Ferdinands, der seinem Onkel dann 1650 nachfolgt, in Köln, in Lüttich, in Hildesheim. Josef Clemens (1671–1723) und Clemens August (1700–1761) sind die beiden letzten wittelsbachischen Erzbischöfe und Kurfürsten in Köln, wobei die zusätzliche Ämterhäufung des letzteren (Regensburg, Münster, Paderborn, Hildesheim, Osnabrück, Hochmeister des Deutschen Ordens) gleichsam den Höhepunkt dieser ganzen Entwicklung markiert, der zudem ein künstlerisches Erbe von erheblichen Ausmaßen hinterläßt: die Schlösser in Bonn und Poppelsdorf, die Augustusburg bei Brühl, das Schloß Clemenswerth.

In München folgen auf Kurfürst Maximilian I. vier weitere Kurfürsten, die knapp zu skizzieren sind.

Die Bewältigung der Kriegslasten, die italienische Heirat und die Positionierung zwischen Habsburg und Bourbon sieht man

Abbildung 6: Schloß Nymphenburg

im Zentrum der persönlichen, vornehmlich aber der politischen Existenz von Kurfürst Ferdinand Maria (1636/1651–1679). Die Fortschritte bei der inneren Konsolidierung des Landes gelingen angesichts einer fast dreißigjährigen Friedenszeit, in der er zwischen Österreich und Frankreich vergleichsweise erfolgreich laviert. Die Heirat mit Henriette Adelheid von Savoyen verstärkt einerseits die Hinwendung zu Frankreich, forciert andererseits die Adaptierung des italienischen Barock in München. Als 1662 der lang ersehnte Thronfolger Max Emanuel geboren wird, stiftet das Kurfürstenpaar in München die Theatinerkirche, deren Entwurf der Bologneser Agostino Barelli – ganz in Nachahmung der Mutterkirche des Theatinerordens, San Andrea della Valle in Rom – vorlegt und dessen Verwirklichung der Graubündener Enrico Zuccali in Angriff nimmt. Von Barelli und Antonio Pistorini stammt auch die Ausgestaltung der Päpstlichen Zimmer in der Münchner Residenz, von Barelli die Planung für den Mittelbau von Schloß Nymphenburg, das der Kurfürst seiner Gemahlin aus Anlaß der Geburt Max Emanuels schenkt.

Vornehmlich unter dem Einfluß der Vormundschaft der habsburgischen Kurfürstenmutter nach 1651 blieb es vorerst bei der engen Zusammenarbeit mit Österreich, die sich erst nach dem Erreichen der Volljährigkeit Ferdinand Marias lockerte. Aber noch 1657 veranlaßten ihn seine Vorsicht, seine realistische Einschätzung der bayerischen Machtgrundlage und der Umstand, daß er zu diesem Zeitpunkt noch ohne Thronfolger war, die Kandidatur für die Kaiserwürde, für die sich vor allem Frankreich stark gemacht hatte, zurückzuweisen. Die zunehmende Annäherung an Frankreich, die dann in den Münchner Vertrag von 1670 mündete, war nicht zuletzt eine Folge der Geburt seines Sohnes, weil nun plötzlich die Perspektive an Plausibilität gewann, für Bayern das österreichische Erbe zu reklamieren, da das Haus Habsburg noch immer ohne männlichen Thronfolger war – ein Plan, der allerdings nur mit französischer Hilfe in die Tat umzusetzen war.

Überhaupt bezeichnet die Stellung Bayerns zwischen Österreich und Frankreich das Grunddilemma der bayerischen Poli-

Abbildung 7: Kurfürst Max Emanuel

tik in der zweiten Hälfte des 17. Jahrhunderts und noch darüber hinaus. Zwischen diesen beiden Polen oszilliert vornehmlich die Karriere, wenn man so will das Schicksal, Max Emanuels (1662/ 1679–1726). Wahrscheinlich haben die Historiker recht, die davon ausgehen, daß es das geheimste Ziel aller wittelsbachischen Politik gewesen ist, an die Stelle Habsburgs zu treten, demgegenüber man sich nach Alter und Rang ebenbürtig, ja überlegen fühlte, an tatsächlicher politischer Macht indes unterlegen sah.

Die Orientierung des Vertrags von 1670 trug jedoch nur so lange, als Habsburg ohne männlichen Erben war, bayerische Hoffnungen auf das österreichische Erbe also realistisch erschienen. Das war seit 1678 anders, als dem Kaiser ein Sohn geboren wurde. 1683 wechselte Max Emanuel daher die Fronten, er ging ein Bündnis mit dem Kaiser ein, heiratete 1685 die Kaisertochter Maria Antonia, engagierte sich in den Türkenkriegen, eroberte 1688 Belgrad, wurde 1691 Generalstatthalter der Spanischen Niederlande und verlegte 1692 seinen Hof von München nach Brüssel. Als Max Emanuel 1692 Kurprinz Joseph Ferdinand geboren wird, schien ein Traum der Wittelsbacher nun doch noch in Erfüllung zu gehen, denn der kinderlose spanische König, Karl II., setzte 1698 den bayerischen Kurprinzen zum Universalerben ein. – Doch ebenso rasch zerplatzte der Traum wieder, bereits im Alter von 7 Jahren, 1699, starb Prinz Joseph Ferdinand, das spanische Erbe war verloren.

Max Emanuel, dem es in so unvergleichlicher Weise um Ruhm, Ehre und königliches Prestige ging, mußte es erleben, daß drei Reichsfürsten genau das gelang, was ihm versagt blieb: Der Kurfürst von Brandenburg wird 1701 König in Preußen, der Kurfürst von Sachsen wird 1697 König von Polen und der Kurfürst von Hannover 1714 König von England. – An der Seite des französischen Königs, Ludwig XIV., verliert der bayerische Kurfürst im Spanischen Erbfolgekrieg 1704 die zweite Schlacht von Höchstädt, wird er 1706 vom Kaiser in die Reichsacht getan, verliert er sein Amt als Generalstatthalter in Brüssel, wird Bayern von den Österreichern besetzt und kann Max Emanuel erst 1715 wieder nach Bayern zurückkehren. Höhepunkt der Wiederannäherung an Habsburg ist die Verheiratung seines Sohnes Karl Albrecht mit der Kaisertochter Amalie Maria, wobei sich die Kosten der dabei inszenierten Feierlichkeiten in einer Größenordnung bewegten, die mit den jährlichen bayerischen Staatseinnahmen identisch war. – Spricht man von Pomp und barocker Baulust, dann gehören hierher noch der Ausbau Nymphenburgs zu einer repräsentativen Residenz, der Bau des Jagdschlosses Lustheim und die unvollendet gebliebene Anlage des Neuen Schlosses in Schleißheim.

Max Emanuels Sohn und Nachfolger, Kurfürst Karl Albrecht, wurde – nach Ludwig dem Bayern – der zweite wittelsbachische Kaiser: Karl VII. 1697 wurde er in Brüssel geboren; seine Mutter war die zweite Gemahlin von Kurfürst Max Emanuel, Therese Kunigunde, Tochter des polnischen Königs Johann III. Sobieski. Allein schon der Vorname Karl verweist auf die väterlichen Ambitionen: Dieser spielte absichtsvoll auf Karl den Großen an, den die Wittelsbacher zu ihren Ahnen zählten, ebenso auf Karl V., in dessen Reich die Sonne nie unterging, und auf den habsburgischen Kaiser Karl VI., um dessen Erbe der wittelsbachische Karl Albrecht einst streiten sollte.

Doch auch Karl Albrecht selbst entwickelte Ambitionen und Ansprüche: Einerseits suchte er die Anlehnung an Österreich, etwa im Türkenkrieg von 1738/39, andererseits erstrebte er die Erneuerung des Bündnisses mit Frankreich; von der Anerkennung der Pragmatischen Sanktion, die im habsburgischen Kaiserhaus auch die weibliche Nachfolge ermöglichen sollte, seitens seines Vaters Max Emanuel schon 1713 rückte Karl Albrecht ab. Unmittelbar nach dem Tod Karls VI. im Jahre 1740 meldete Karl Albrecht seine Erbansprüche an. Zwar gelang es ihm, ein Bündnis – bestehend aus Frankreich, Spanien, Brandenburg-Preußen und Sachsen – aufzubauen, das die Wahl zuerst zum böhmischen König (19. Dezember 1741) und dann zum römischen Kaiser (24. Januar 1742) ermöglichte, doch in militärischer Hinsicht war er dem Widerstand Habsburgs nicht gewachsen. Erst im Oktober 1744 konnte er in seine bayerischen Territorien zurückkehren; 1745, nur ein Jahr später, starb Kaiser Karl VII. in München.

Mit seinem Sohn und Erben, Kurfürst Max III. Joseph (1727/ 1745–1777), gelangen wir ans Ende in der Reihe der wittelsbachischen Kurfürsten aus der altbayerischen Linie. Bei ihm ist man fast geneigt, den Eindruck zu formulieren, daß er der permanenten Erbschaftsansprüche und Bündnisvariationen müde geworden war. «Und wenn niemand den Frieden will, so will ich ihn»: Am 22. April 1745 beendete er mit dem Frieden von Füssen den Österreichischen Erbfolgekrieg, söhnte er sich mit Maria Theresia aus und versprach er ihrem Gemahl seine Stimme bei der Kaiserwahl. Der «Vielgeliebte» wird der Beiname dieses letzten Wittelsbachers aus dem Münchner Zweig der Familie. Und tatsächlich sind es nicht mehr die Aktionen auf dem Feld der auswärtigen Politik, die man in erster Linie mit seinem Namen verbindet, sondern viel eher Unternehmungen, Aktivitäten seiner inneren Politik: die Gründung der Akademie der Wissenschaften 1759, der Bau des Cuvilliés-Theaters, das seit 1751 entstehende Gesetzeswerk Kreittmayrs, die Reformen in der bayerischen Schulpolitik und vieles andere mehr.

Gänzlich vernachlässigt wurde bei diesem Gang durch das 17. und 18. Jahrhundert bislang die pfälzische Linie des Hauses. Und in der Tat sieht man sich dabei veritablen Problemen gegenüber. – So verwirrend die politischen Bündniskonstellationen bei den einzelnen, eben abgehandelten, bayerischen Kurfürsten auch gewesen sein mögen, so transparent hat sich doch zumindest die genealogische Abfolge dargestellt, weil in unbestrittener Konsequenz die Erstgeborenen jeweils die Nachfolge antraten, weil die Prinzipien der Primogenitur-Ordnung von 1506 zu keinem Zeitpunkt aufgeweicht wurden, weil das Haus über die diversen Sekundogenituren in den geistlichen Territorien verfügte. Das schiere Gegenbild begegnet uns in den pfälzischen Gebieten.

Man erleichtert sich das Geschäft etwas, wenn man zwei Fragen zuerst einmal grundsätzlich auseinanderhält. Einerseits geht es um den Besitz der Kurwürde, welche Linie sie wann innehat; und es geht andererseits darum, was sich hinter dem Begriff der pfälzischen Territorien verbirgt und wie sich deren Zuschnitt im Laufe der Zeit verändert.

Absolutismus, Barock und Aufklärung

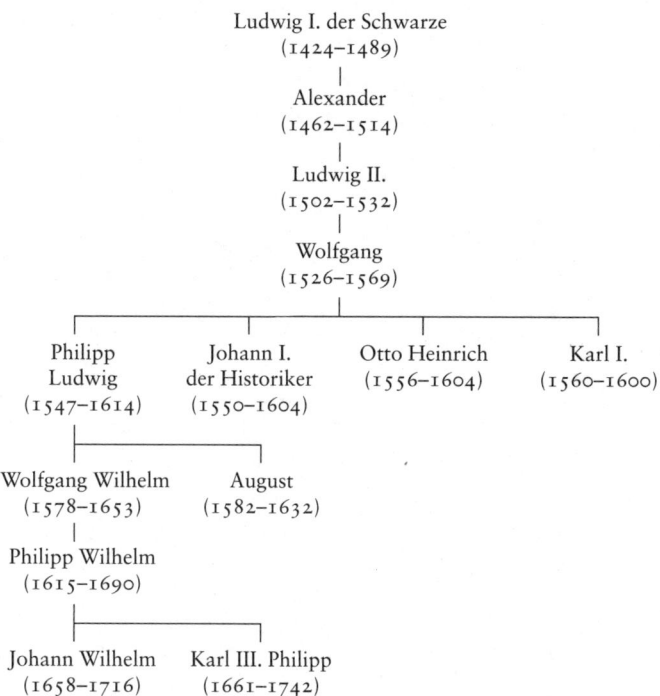

Die erste Frage ist schnell beantwortet: Von 1329 bis 1559, von Kurfürst Rudolf II. bis zu Kurfürst Ottheinrich regierte die so bezeichnete Alte Kurlinie, in deren Zusammenhang vielleicht doch Kurfürst Rupprecht III. (1352–1410) besonderer Erwähnung bedarf, ist er doch – neben Ludwig dem Bayern und Karl Albrecht – der dritte Wittelsbacher, der 1410 zum deutschen König gewählt wird, ohne allerdings, wie die beiden anderen, auch die Kaiserwürde zu erlangen. Nach dem Aussterben der Alten Kurlinie 1559 geht die Kurwürde über an die Linie Simmern-Sponheim; hier kommt es unter Kurfürst Friedrich V., dem Winterkönig, zur Katastrophe, weil diesem die Kurwürde, nach der Schlacht am Weißen Berg, entzogen, sie 1623 an Maximilian I. verliehen wird. Diese Katastrophe erscheint im West-

Abbildung 8: Kurfürst Ottheinrich

Abbildung 9: Kurfürst Friedrich V.

fälischen Frieden gemildert, denn für den Sohn Friedrichs V., Karl Ludwig (1617/1649–1680), wird eine achte Kur eingerichtet, die noch eine weitere Generation, bei Kurfürst Karl II. (1651/1680–1685), bis zum Aussterben der Linie Simmern-Sponheim in diesem Familienzweig verbleibt. Die nächsten drei pfälzischen Kurfürsten – Philipp Wilhelm (1615/1685–1690), Johann Wilhelm (1658/1690–1716) und Karl III. Philipp (1661/1716–1742) – kommen aus der Linie Pfalz-Neuburg, bevor dann 1742 Kurfürst Karl Theodor nachfolgt und 1777 die pfälzischen Linien mit der bayerischen Linie wieder vereinigt, wovon in anderem Zusammenhang noch zu reden sein wird. – Zuvor ist allerdings noch kurz bei Kurfürst Karl Ludwig, näherhin bei seiner Tochter aus der Ehe mit Charlotte von Hessen-Kassel zu verweilen. Diese Enkelin des Winterkönigs, Prinzessin Elisabeth Charlotte (1652–1722), besser bekannt als «Liselotte von der Pfalz» heiratet Herzog Philipp von Orléans, den Bruder Ludwigs XIV. von Frankreich. Nach dem Tod ihres Bruders, des Kurfürsten Karl II., erhebt der französische König, unter Berufung auf Elisabeth Charlotte, Erbansprüche auf die Pfalz, von deren Verwüstung sie ihn nicht abhalten kann. Liselotte von der Pfalz erlebte Glanz und Elend des französischen Hofes aus nächster Nähe, und berühmt geworden ist sie tatsächlich wegen dieser intimen Kennerschaft, die sich in ihrer umfänglichen, circa 4000 Briefe umfassenden, Korrespondenz – u. a. mit Anton Ulrich von Braunschweig-Wolfenbüttel und Gottfried Wilhelm von Leibniz – niederschlägt, deren Sprache immer wieder als besonders anschaulich und lebendig, oft auch als derb beschrieben wurde.

Was nun den territorialen Zuschnitt – allerdings unter Absehung diverser Einzelheiten – angeht, so gibt es den ursprünglichen, reichlich zersplitterten, Bestand der Kurpfalz am mittleren Rhein mit Heidelberg als Zentrum; 1329, im Hausvertrag von Pavia, kommt die Obere Pfalz hinzu, die dann allerdings 1621/28 wieder an Bayern verlorengeht. Nach dem Landshuter Erbfolgekrieg wird die Junge Pfalz, das nachmalige Herzogtum Pfalz-Neuburg, für die Nachfahren aus der Verbindung Rupprechts von der Pfalz mit der Tochter Herzog Georgs des Reichen von Bayern-Landshut eingerichtet, das dann im 17. Jahrhundert der große Gewinner wird: 1614 kommt das Herzogtum Jülich-Berg und 1685 die Kurpfalz an Pfalz-Neuburg, wobei Neuburg selbst freilich zur Nebenresidenz herabsinkt.

Nicht nur wegen dieser territorialpolitischen Erfolge, sondern auch wegen der agierenden Figuren macht es Sinn, etwas bei der Linie Pfalz-Neuburg zu verweilen. Ottheinrich, der ältere der beiden Söhne von Rupprecht von der Pfalz und der Landshuterin Elisabeth, hatte 1542 in Pfalz-Neuburg die Reformation eingeführt, war von 1556 bis zu seinem Tod 1559 der erste evangelische Kurfürst in der Pfalz und hat ein erhebliches kulturelles Erbe hinterlassen: die Reform der Universität Heidelberg in protestantisch-humanistischem Geist, die reiche Ausstattung von deren Bibliothek mit Schenkungen und Zukäufen, der Ottheinrichsbau des Heidelberger Schlosses, die Erweiterung der alten Schloßanlage in Neuburg, der Bau des Jagdschlößchens Grünau für seine Gemahlin Susanne, die eine Tochter des bayerischen Herzogs Wilhelm IV. war. Nach seinem Regierungsantritt in Heidelberg gab Ottheinrich Pfalz-Neuburg 1557 an Pfalzgraf Wolfgang von Zweibrücken (1526–1569) ab, wobei die Ehe von dessen Sohn Philipp Ludwig (1547–1614) mit Anna von Jülich-Kleve-Berg dem Haus in Aussicht auf das Erbe von Jülich und Berg völlig neue Perspektiven eröffnete.

Wolfgang Wilhelm (1578–1653), der Erstgeborene aus dieser Verbindung, dessen Übertritt zur katholischen Kirche die Rekatholisierung seiner Länder zur Folge hatte, tritt dann tatsächlich das Jülicher Erbe in Düsseldorf an, kämpft energisch für eine Zurückdrängung des Luthertums, beruft die Jesuiten nach Neuburg, Düsseldorf und Jülich, kümmert sich um die Umwandlung der Neuburger Hofkirche, um die Bestellung von großen Altarbildern bei Peter Paul Rubens für Neuburg, um den Bau von St. Andreas in Düsseldorf. Schon in der darauffolgenden Generation, unter seinem Sohn Philipp Wilhelm (1615/1685–1690), sind die pfälzische Kurwürde, Jülich-Berg und Pfalz-Neuburg in einer Hand. Dominiert wird seine Regierungszeit indes von der Reunionspolitik des französischen Königs, Ludwigs XIV., und von der systematischen Zerstörung der Pfalz. Philipp Wilhelms Sohn, Johann Wilhelm (1658/1690–1716), Jan Wellem genannt, darf als einer der großen mäzenatischen Kunstsammler der Epoche gelten; ohne seine Düsseldorfer Sammlungen würde noch heute der Glanz der Alten Pinakothek in München nicht so weithin strahlen. Und vom dritten in dieser Reihe der neuburgischen Kurfürsten wird noch in anderem Zusammenhang zu reden sein.

Neben der Heidelberger Kurlinie, neben Neuburg und Jülich-Kleve gibt es noch eine Fülle weiterer pfälzischer Adressen, die hier nicht in enzyklopädischer Vollständigkeit – gleichsam von Mosbach, Veldenz und Neunburg bis Hilpoltstein, Sulzbach, Parkstein und Landsberg – aufgeführt werden können. Aber eine dieser Linien ist doch herauszugreifen, die Linie Zweibrükken-Kleeburg, wächst ihr doch eine europäische Bedeutung zu.

Drei schwedische Könige – Karl X. Gustav (1622–1660), Karl XI. (1655–1697) und Karl XII. (1682–1718) – stammen aus der Familie Wittelsbach, aus eben jener Linie Zweibrücken-Kleeburg, die mit dem Hause Vasa verwandtschaftlich verbunden war. König Karl IX. und König Gustav II. Adolf aus dem Hause Vasa hatten, vor allem letzterer im 30jährigen Krieg, die Großmachtstellung Schwedens begründet. Seiner Tochter und Nachfolgerin, Königin Christine, gelingt es, im Westfälischen Frieden das Erreichte zu sichern. Als sie 1654 abdankt und zum katholischen Glauben übertritt, ist Schweden noch immer eine expandierende Großmacht, Gegenspieler von Kaiser und Papst, die protestantische Führungsmacht in Europa. Karl X. führt Schweden im Frieden von Roskilde auf den Höhepunkt seiner territorialen Ausdehnung; Karl XI. konsolidiert die Herrschaftsgrundlagen, saniert die Finanzen, baut ein starkes Heer auf und etabliert absolutistische Regierungsformen; Karl XII. mag als die tragische Gestalt aus dem Hause Wittelsbach auf dem schwedischen Thron gelten, er verliert, trotz glänzender militärischer Siege, gegen die Übermacht der Feinde, unterliegt Peter dem Großen in der Schlacht bei Poltawa 1709, flieht in die Türkei, kehrt 1714 zurück, greift Norwegen an und fällt vor der Festung Frederikshald.

Wenn hier von der Geschichte der Wittelsbacher im 18. Jahrhundert geredet werden soll, dann darf man an einem Ereignis auf gar keinen Fall vorübergehen, nämlich an der Wittelsbacher Hausunion von 1724. Vorab ist das Panorama wittelsbachischer Herrschaft im Reich zu diesem Zeitpunkt zu entfalten: Im Kurfürstentum Bayern, wozu auch die Oberpfalz zählt, ist Kurfürst Max Emanuel wieder in seine Rechte eingesetzt worden; die pfälzische Kurwürde liegt bei Kurfürst Karl III. Philipp (1661/1716–1742), der gleichzeitig Jülich und Berg innehat und Herzog von Pfalz-Neuburg ist; in Köln regiert Kurfürst Clemens August, der Sohn von Max Emanuel, in Trier Kurfürst Franz Ludwig, ein Bruder von Karl III. Philipp; die Bischofsstühle von Breslau, Worms, Münster, Osnabrück, Hildesheim und Regensburg waren gleichfalls in wittelsbachischer Hand. Vier von neun Kurhüten werden von Mitgliedern des Hauses Wittelsbach getragen; gegen den Willen der Wittelsbacher kann man keinen König, keinen Kaiser mehr wählen; im Westen und im Süden des Reiches kann keine andere Dynastie mit dem Haus Wittelsbach mehr konkurrieren, auch wenn es sich letztlich nicht um zusammenhängende wittelsbachische Herrschaftsgebiete handelt, auch wenn bei den geistlichen Territorien nicht von einer erbrechtlich fundierten Kontinuität ausgegangen werden kann. – Diese Herrschaftsdichte spiegelt sich wider in der Frequenz fürstlicher Repräsentationsbauten: in den Dimensionen des Mannheimer Schloßbaus von Kurfürst Karl III. Philipp, im Weiterbau von Schleißheim und Nymphenburg bei Kurfürst Max Emanuel, in den Planungen von Clemens August für Schloß Augustusburg bei Brühl.

Die Hausunion von 1724: Die Initiative ging vom pfälzischen Kurfürst Johann Wilhelm aus; er schlug Max Emanuel vor, den Zwist im Hause Wittelsbach zu begraben und eine neue Freundschaft zu begründen; Kurfürst Karl III. Philipp griff diese Initiative nach dem Tod von Johann Wilhelm wieder auf; in Scheyern traf er sich im Mai 1717 mit dem bayerischen Kurfürsten. Dann sollte es noch sieben Jahre dauern, bis der Vertrag unter Dach und Fach war, der auf den alten Abkommen von 1490, 1524 und 1673 basierte, die wechselseitige Sukzession der beiden katholischen Häuser und die gemeinsame Führung des Reichsvikariats vorsah, das Zusammenwirken bei der Kaiserwahl, die gegenseitige Unterstützung bei Heiratsprojekten und beim Erwerb geistlicher Pfründe, ferner gegenseitige militärische Unterstützung vereinbarte.

Der Umbruch vom 18. auf das 19. Jahrhundert

In der Geschichtswissenschaft, aber auch in der öffentlichen Wahrnehmung, gibt es einen breiten Konsens dahingehend, daß der Umbruch vom 18. auf das 19. Jahrhundert, daß die Erschütterungen im Gefolge der Französischen Revolution und der napoleonischen Umwälzungen, daß vornehmlich das Ende des Alten Reichs und der ständischen Ordnung sowie die Festlegungen des Wiener Kongresses den Begriff und das Wesen der Monarchie in ihrem innersten Kern veränderten. Bevor davon zu reden ist, wie das Haus Wittelsbach mit diesen Erschütterungen umging und wie es mit den neuen Verhältnissen fertig wurde, sind kurz die vier zentralen Elemente dieses Umbruchs zu rekapitulieren, insoweit davon die Monarchie als Staatsform und als Verfassungstypus betroffen war.

1. Die göttliche Legitimationsvorstellung, die mit einer höchsten weltlichen Gewalt zumindest seit dem frühen Mittelalter verbunden war, gerät in eine existentielle Krise. Zwar titeln auch noch die bayerischen Könige des 19. Jahrhunderts mit «von Gottes Gnaden», aber nicht nur der Historiker Heinrich von Treitschke hat ironisierend umformuliert und im Blick auf die deutschen Königreiche des 19. Jahrhunderts, und vor allem im Blick auf das Königreich Bayern, als «von Napoleons Gnaden» gesprochen. – Die religiöse Konnotation des monarchischen Gedankens, verbunden mit allen Konsequenzen, wie sie die europäische Verfassungsentwicklung vom mittelalterlichen Königsheil und Herrschercharisma bis zur Ausprägung des frühneuzeitlichen Gottesgnadentums kennt, bricht am Beginn des 19. Jahrhunderts zusammen. Man kann zwar danach fragen, ob diese Zäsur in den rationalen Begründungszusammenhängen des so bezeichneten aufgeklärten Absolutismus präfiguriert erscheint; an der Schärfe des Umbruchs ändern solche Überlegungen jedoch wohl nichts, vor allem auch deshalb, weil

sich mit diesem Säkularisierungsvorgang im monarchischen Bereich ein Säkularisierungsprozeß verbindet, der graduell alle Teile der Gesellschaft erfaßt.

2. Die Monarchie als Idee, Prinzip und Staatsform befindet sich seit 1789 in der Defensive. Ein dergestalt harsches Urteil darf sich nicht täuschen lassen vom Glanz des monarchischen und höfischen Zeremoniells, den das 19. Jahrhundert – nicht zuletzt in München – noch zu entfalten wußte, auch nicht von den vielfältigen Formen einer Verehrung für die Person des Monarchen, wie sie uns idealtypisch etwa bei Prinzregent Luitpold begegnen wird. Seit 1789 galt die antimonarchische Revolution nicht nur als ein gedanklicher Potentialis, sondern als eine reale, wenn man so will, bereits praktizierte, Möglichkeit. Daraus erklärt sich die Defensive der monarchischen Idee, in diesem Verlust des ehedem schlechterdings Selbstverständlichen einer monarchischen Ordnung wurzeln Revolutionsangst und Restaurationsbestrebungen in gleicher Weise. Wahrscheinlich haben diejenigen Autoren sogar recht, die allein schon den Begriff «monarchisches Prinzip» für ein Defensivphänomen halten. In der Tat ist ja die Argumentation in den Kategorien eines monarchischen Prinzips gedanklich nur in Opposition zu anderen, eben nicht-monarchischen Prinzipien vorstellbar.

3. Die Defensive, in die die Monarchie seit dem Beginn des 19. Jahrhunderts gedrängt ist, evoziert, verschärft durch die andauernde Revolutionsfurcht, einen durchgängigen Rechtfertigungsdruck, dem die monarchische Idee und deren Träger und Protagonisten ausgesetzt sind. Die vorrevolutionäre Akzeptanz der Monarchie als Idee und Ordnung wird abgelöst von einer Tendenz zur permanenten Evaluation der Inhaber der monarchischen Gewalt. – Eine solche Umorientierung ist eine Folge des erwähnten Rechtfertigungs- und Qualifikationsdrucks, sie hinterläßt tiefe Spuren in der monarchischen Selbsteinschätzung, im Profil monarchischen Handelns, dessen Wirkungen und Ergebnisse zu Beurteilungskriterien werden. Von hier aus ist es nur ein kleiner Schritt zu dem Befund, daß im Blick auf das 19. Jahrhundert – in der Zeit selbst und in der nachfolgenden wissenschaftlichen Literatur – weit weniger vom Prinzip der

Monarchie, denn von den Akteuren der monarchischen Szene gehandelt wird. Ein solcher Befund schlägt sich nieder in Forschungslücken hinsichtlich struktureller und funktionaler Bedingungen der Monarchie im 19. Jahrhundert, er läßt sich verknüpfen mit der Fülle biographischer Publikationen aus dem 19. und 20. Jahrhundert und noch mit der relativen Häufigkeit von Regentschaftseinsetzungen angesichts tatsächlich oder vermeintlich regierungsunfähiger Monarchen.

4. Nicht die Frage nach den konkreten Machtbefugnissen steht im Vordergrund, wenn man die spezifische Signatur der Monarchie im 19. Jahrhundert greifen will. Und dennoch ist an diesem Punkt nochmals anzuknüpfen, wenn man das Tableau der Umbrüche und Innovationen des monarchischen Gedankens im 19. Jahrhundert auch nur einigermaßen zutreffend skizzieren will. – Ausgehend von der kryptischen Festlegung des Wiener Kongresses, daß in den einzelnen Staaten des Deutschen Bundes landständische Verfassungen «stattfinden» werden, setzt damit eine Entwicklung ein, die zuerst im süddeutschen Frühkonstitutionalismus konkrete verfassungsmäßige Bindungen der monarchischen Gewalt definiert. Die allmähliche, wenn auch in einem Süd-Nord-Gefälle zeitlich verzögerte, Ausbildung des Typus der konstitutionellen Monarchie in den deutschen Staaten und schließlich noch auf der Ebene des Kaiserreichs von 1871 macht den Monarchen, bei allen Unterschieden im einzelnen und bei aller Polarisierung der diesbezüglichen staatsrechtlichen Literatur, zum Organ des Staates. In dem – faktisch existierenden und durch keinerlei autokratische Ansprüche weg zu diskutierenden – Machtdreieck von Monarch, Volksvertretung und Ministerium wird man das eigentliche Spezifikum der deutschen Verfassungsordnungen des 19. Jahrhunderts erblicken. Dieses Machtgefüge beinhaltet etwas grundsätzlich anderes als etwa die Rolle starker Premiers in den Zeiten des Ancien Régime. Dieses Machtgefüge weist dem Monarchen einen – nach Konstellation und Persönlichkeit durchaus unterschiedlich ausfallenden – Platz innerhalb der staatlichen und verfassungsmäßigen Ordnung des 19. Jahrhunderts zu. Der Monarch braucht, wenn er denn seine Vorstellungen durchset-

zen will – was unter den skizzierten Vorzeichen des Nachweises individueller Leistung dramatisch an Wichtigkeit gewinnt – der Monarch braucht Verbündete. Diese Verbündeten konnte er nach Lage der Dinge, wollte er nicht gleichzeitig den Schritt zur Parlamentarisierung oder zu einem plebiszitären Bonapartismus gehen, eben nicht bei den Volksvertretungen finden, er suchte und fand sie in den Ministerien, in den Staatsverwaltungen des 19. Jahrhunderts.

Entsakralisierung der monarchischen Würde und eine aus Legitimationsdefiziten und Revolutionsfurcht geborene Defensivhaltung gegenüber den Tendenzen des Zeitalters, strukturelle und persönliche Rechtfertigungszwänge, konstitutionelle Bedingungen und eine ministerielle Einhegung der monarchischen Gewalt: Nach soviel struktureller Problematisierung müssen die Realitäten der wittelsbachischen Geschichte selbst wieder in den Vordergrund treten. Wenn man auch dabei mit dem Begriff des Umbruchs vom 18. auf das 19. Jahrhundert hantieren möchte, dann muß man mit dem Jahr 1777 beginnen.

Mit dem Tod des Kurfürsten Max III. Joseph am 30. Dezember 1777 war die ludovizianische, von Ludwig dem Bayern herrührende Linie des Hauses – die altbayerische Herzogs- bzw. Kurlinie – im Mannesstamm ausgestorben. Zu diesem Zeitpunkt blühte der rudolfinische, der pfälzische, von Rudolf dem Stammler ausgehende Zweig der Familie, nach dem Verlöschen diverser Äste, nur noch in den Linien Neuburg-Sulzbach und Birkenfeld-Zweibrücken. Infolge der 1761, 1766, 1771 und zuletzt 1774 erneuerten wittelsbachischen Hausverträge fiel die Nachfolge – in der Pfalz und in Bayern – an Kurfürst Karl Theodor (1724–1799) aus der Linie Neuburg-Sulzbach. Um den weiteren Gang der Entwicklung gleich vorwegzunehmen: Nachdem Karl Theodor seinerseits 1799 ohne legitimen männlichen Erben verstorben war, wechselte das Erbrecht auf die letzte verbliebene pfälzische Linie, auf Birkenfeld-Zweibrücken, in der die Erbfolge auf Max Joseph (1756–1825) überging. Mit ihm, der 1806 zum König – er nannte sich fortan Max I. Joseph – aufstieg, beginnt dann die wesentlich übersichtlichere Geschichte des Hauses Wittelsbach im 19. Jahrhundert. Bevor man

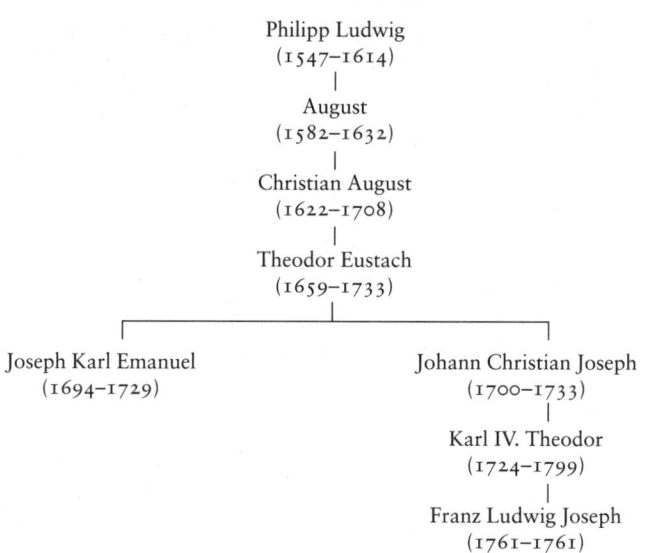

sich dieser jedoch zuwenden kann, müssen einige Phänomene aus dieser wittelsbachisch-pfälzisch-bayerischen Umbruchsepoche angesprochen, einige Geschichten erzählt werden, und zwar weniger aus der Absicht der anzustrebenden Vollständigkeit heraus, als vielmehr deshalb, weil sich in diesen Konstellationen einmal mehr die enge Verwobenheit von Familiengeschichte und allgemeiner Geschichte, von individuellen Zufälligkeiten und strukturellen Gegebenheiten zeigt.

Das Herrschaftsgebiet Karl Theodors, der am 11. Dezember 1724 auf Schloß Drogenbusch bei Brüssel geboren wurde, wies erhebliche Dimensionen auf: Seit 1728 war er Markgraf von Bergen op Zoom, seit 1733 Herzog von Pfalz-Sulzbach, seit 1742 war er Kurfürst von der Pfalz, Herzog in Neuburg, Jülich und Berg und dann eben seit 1777 auch noch Kurfürst von Bayern. Mit Ausnahme des Besitzes der Linie Birkenfeld-Zweibrücken befanden sich nun alle wittelsbachischen Territorien in seiner Hand, und vornehmlich dieser Umstand war es, der Karl Theodor nicht wirklich eine bayerische Identität annehmen ließ, um absichtsvoll mit einer ganz modernen Begrifflichkeit zu laborieren. Im Gegenteil: Den Zugewinn Bayerns sah er in erster Linie als eine Besitzerweiterung an, die ihm dazu verhelfen mochte, seinen eigentlichen territorialpolitischen und dynastischen Traum verwirklichen zu können, die Schaffung eines wittelsbachischen Königreichs Burgund, das sich um Brüssel, Düsseldorf und Mannheim gruppieren sollte, wobei er die Abtretung der österreichischen Niederlande seitens des Kaisers diesem durch die Preisgabe Bayerns an Habsburg erleichtern wollte.

Solche Tauschpläne lagen durchaus auf der Linie tradierten dynastischen Denkens der vorangegangenen Jahrhunderte, und doch zeigte es sich, daß die hohe Zeit solchen Länderschachers sich ihrem Ende entgegenneigte. Die Pläne Karl Theodors scheiterten: einerseits am machtpolitischen Widerspruch der europäischen Großmächte und vornehmlich Preußens, obwohl der entsprechende Vertrag schon paraphiert war, andererseits aber auch an der Verweigerung der Linie Birkenfeld-Zweibrücken, deren Einverständnis zu einer solchen Lösung hausvertragsgemäß zwingend erforderlich war, und schließlich an einer innerbayerischen Oppositionsbewegung, die sich selbst als patriotisch und im Interesse des Landes handelnd verstand, was in besonderer Weise auf den bevorstehenden Umbruch der Zeitverhältnisse verweist!

Neben einer Vielzahl unehelicher Kinder hatte Karl Theodor nur einen einzigen legitimen männlichen Erben, Franz Ludwig Joseph, der jedoch 1761, wenige Tage nach seiner Geburt verstarb. Dadurch zeichnete sich schon seit den 1770er, 1780er Jahren ab, daß die wittelsbachische Ländermasse dereinst an die Linie Birkenfeld-Zweibrücken fallen würde. Diese Perspektive war es nicht zuletzt, die deren vergleichsweise starke Stellung bei den erwähnten Verhandlungen um die Tauschprojekte Karl Theodors begründete. Zur Generation Karl Theodors gehörte in dieser Linie Pfalzgraf Friedrich Michael (1724–1767), auf dessen beiden Söhnen Karl August Christian (1746–1795) und Max Joseph (1756–1825) die Hoffnung auf das Fortleben der Linie und auf die nachmalige Erbschaft des gesamten wittelsbachischen Länderbesitzes ruhte. Tatsächlich verstarb der

Abbildung 10: Kurfürst Karl Theodor

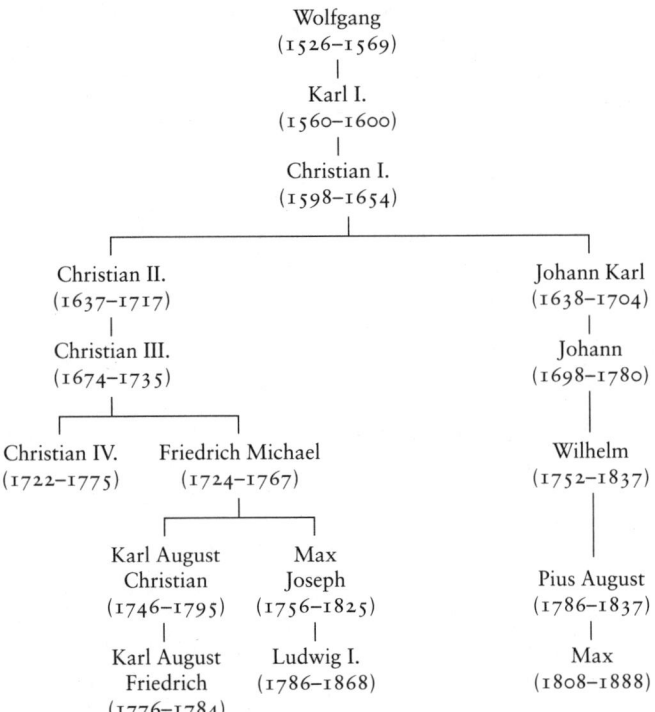

Sohn und potentielle Erbe des älteren Bruders noch als Kind im Jahre 1784, sodaß 1786 die Geburt von Max Josephs Sohn Ludwig von den patriotischen Kreisen in München schon als die des kommenden Kurfürsten gefeiert wurde. Bis 1795 mochte solche Aussicht überaus realistisch erscheinen, in diesem Jahr indes heiratete der bereits 71jährige Karl Theodor die 19jährige Erzherzogin Maria Leopoldine von Österreich-Este. 1799, beim Tod des Kurfürsten, blieb ihr die peinliche Frage, ob sie von diesem noch ein Kind erwarte, nicht erspart. Ihre ehrliche Antwort, daß sie vom Kurfürsten nicht schwanger sei (wiewohl sie, allerdings von ihrem Obersthofmeister, dem Grafen Ludwig von Arco, tatsächlich schwanger war!), entschied letztendlich den problemlosen Übergang der Kurwürde an Max Joseph von Birkenfeld-Zweibrücken; und dessen Sohn Ludwig, der nachmalige König Ludwig I., wurde nun in der Tat Kurprinz von Pfalz-Bayern.

Ein Nachtrag gehört noch zur Geschichte dieses Umbruchs: Bisher war immer nur die Rede von der pfälzischen Linie Birkenfeld-Zweibrücken. Tatsächlich gab es noch eine weitere, nachgeborene Linie: Birkenfeld-Gelnhausen, als deren Begründer Pfalzgraf Johann Karl (1638–1704) gilt, dessen Enkel Wilhelm in der Karl Theodor-Zeit effizient die Interessen der Birkenfelder in München vertritt, der in Landshut residiert, der der Kurfürstin Maria Leopoldine die erwähnte Schwangerschaftsfrage stellt, der den ungefährdeten Übergang der Kurfürstenwürde an Max Joseph sicherstellt, der noch im Februar 1799 zum Herzog Wilhelm in Bayern ernannt wird und damit die Linie der Herzöge in Bayern begründet, die bis zum heutigen Tag existiert.

Das Königreich Bayern

Seit 1799 gibt es zum ersten Mal seit den Tagen Ludwigs des Bayern wieder eine allein regierende Linie des Hauses Wittelsbach. Zwar verästelt sich die Familie in den auf Max Joseph folgenden Generationen wiederum in verschiedene Linien, aber es kommt zu keinerlei Teilung mehr, weder des Territoriums noch der Herrschaft. Natürlich ragen aus diesen Verästelungen des so bezeichneten Königlichen Hauses die Monarchen – König Max I. Joseph (1756/1806–1825), König Ludwig I. (1786/1825–1868), König Maximilian II. (1811/1848–1864), König Ludwig II. (1845/1864–1886), König Otto (1848/1886–1916), Prinzregent Luitpold (1821/1886–1912) und König Ludwig III. (1845/1912–1921) – in besonderer Weise heraus. Ein intensiverer Blick auf die eben Genannten soll indes erst auf dem Hintergrund eines Überblicks über die Genealogie des Gesamthauses erfolgen.

König Max I. Joseph hatte, sieht man von den im Kindesalter verstorbenen ab, mit seinen beiden Gemahlinnen zehn Kinder,

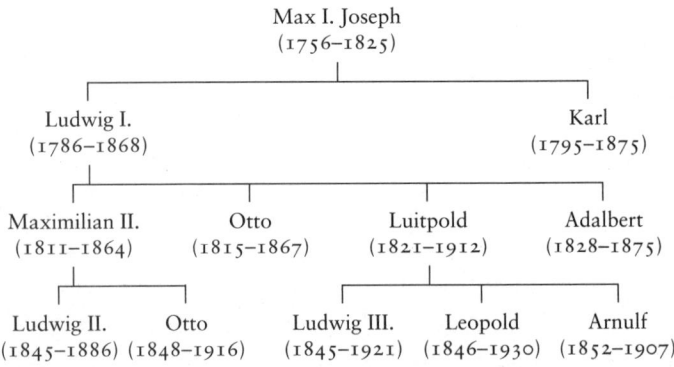

zwei Söhne und acht Töchter. Mehr als imposant gerät die Reihe der Schwiegersöhne des Königs: Eugène Beauharnais, König Wilhelm I. von Württemberg, Kaiser Franz I. von Österreich, König Friedrich Wilhelm IV. von Preußen, König Johann von Sachsen, Erzherzog Franz Karl von Österreich, König Friedrich August von Sachsen, Herzog Max in Bayern. Der erste bayerische König, Max I. Joseph, ist der Stammvater aller heute noch lebenden Mitglieder des Hauses Wittelsbach. Sein Sohn, Ludwig, hat neun Kinder, wobei sich die Königliche Linie dann mit König Maximilian II. fortsetzt, während der zweite Sohn Otto (der nachmalige König von Griechenland) keine eigene Linie begründet, im Gegensatz zu den Prinzen Luitpold (1821–1912) und Adalbert (1828–1875), die zu den Stiftern eigener Linien – der luitpoldinischen und der adalbertinischen – werden. Auch bei den Töchtern Ludwigs I. sind die Heiratsverbindungen wichtig: Großherzog Ludwig III. von Hessen, Herzog Franz V. von Modena, Erzherzog Albrecht Friedrich von Österreich.

Die ursprünglich Königliche Linie stirbt in der auf Maximilian II. folgenden Generation – mit den Königen Ludwig II. und Otto – aus, während die luitpoldinische und die adalbertinische Linie heute noch blühen. Nach den Vorgängen des Jahres 1886 wird die luitpoldinische Linie zur Königlichen Linie, und die Abfolge der Linienchefs führt von Prinzregent Luitpold über König Ludwig III. und Kronprinz Rupprecht bis zu Herzog Albrecht und Herzog Franz von Bayern in die Gegenwart.

Der adalbertinische Zweig weist insofern eine Besonderheit auf, als der Enkel des Linienbegründers, Prinz Ferdinand Maria (1884–1958) nach seiner Heirat mit Maria Teresa, Infantin von Spanien, seinerseits 1905 als Infant von Spanien naturalisiert wird und seine Kinder ebenfalls den Titel eines Infanten bzw. einer Infantin führen.

Die 1799 begründete Linie der Herzöge in Bayern entfaltet in ihrer vierten Generation, bei den Kindern aus der Ehe von Herzog Max in Bayern (1808–1888) mit Prinzessin Ludovika von Bayern (1808–1892), einer Tochter von König Max I. Joseph, ein ganz erstaunliches Panorama: Der Erstgeborene, Herzog Ludwig Wilhelm (1831–1920) heiratet zweimal morganatisch und verzichtet auf die Rechte eines Linienchefs. Herzogin Helene (1834–1890) heiratet Maximilian Anton Lamoral, Erbprinz von Thurn und Taxis. Herzogin Elisabeth (1837–1898), besser bekannt als Sisi oder gar als «Sissi» wird an der Seite von Kaiser Franz Joseph I. von Österreich Kaiserin und als solche, neben Ludwig II., vielleicht zur berühmtesten Figur aus dem Hause Wittelsbach überhaupt. Herzog Karl Theodor (1839–1909) wird, nach dem Verzicht seines Bruders Ludwig Wilhelm, Chef der Linie, heiratet Prinzessin Sophie von Sachsen in erster Ehe und in zweiter Maria Josepha, Infantin von Portugal. Herzogin Marie (1841–1925) wird die Gemahlin von König Franz II. von Sizilien. Herzogin Mathilde (1843–1925) wird die Frau von Prinz Ludwig von Bourbon-Sizilien. Herzogin Sophie (1847–1897) heiratet, nach dem Scheitern der geplanten Verbindung mit König Ludwig II., den Herzog von Alençon. Herzog Max Emanuel (1849–1893) schließlich verehelicht sich mit Prinzessin Amalie von Sachsen-Coburg-Gotha. – Mit der darauffolgenden Generation, mit den Söhnen von Karl Theodor und Max Emanuel stirbt die Herzogliche Linie an sich aus; Herzog Ludwig Wilhelm (1884–1968), Mäzen des Kiem Pauli und Förderer der neuzeitlichen Trachtenbewegung, adoptiert indes 1965 den zweitgeborenen Sohn von Herzog Albrecht aus der Königlichen Linie, Prinz Max Emanuel (geb. 1937), der seitdem den Titel Herzog in Bayern führt.

Trotz der Zwänge einer quantitativen Begrenzung dieser Skizze müssen, jenseits des bloßen Überblicks, einige Bemerkungen hinzutreten, einige Angehörige dieser herzoglichen Linie gesondert herausgegriffen werden.

Mit Herzog Max in Bayern begegnet uns eine der farbigsten Gestalten der Familiengeschichte überhaupt, bei dem eine gewisse Distanz zum Münchner Hof unübersehbar ist, was sich auch in der Vorliebe für Possenhofen und Unterwittelsbach ausdrückt. 1830 bezieht er gleichwohl das nach den Plänen Leo von Klenzes erbaute und von Ludwig von Schwanthaler und Wilhelm von Kaulbach ausgestattete Palais an der Ludwigstraße in München, das sehr schnell – mit Theateraufführungen, inszenierten Bauernhochzeiten, Konzerten und Zirkusvorführungen (mit dem Herzog als Dressurreiter) – zu einem Mittelpunkt des gesellschaftlichen Lebens im biedermeierlichen München wird; ohne Interesse an einer militärischen oder politischen Karriere, tritt er als leidenschaftlicher Zitherspieler («Zithermaxl») hervor, gibt er 1846 eine Sammlung oberbayerischer Volkslieder heraus, versucht er sich selbst im Kompositorischen und im Dichterischen, fördert er die Dialektdichtung, erregt er höchstes Aufsehen, als er von einer Orientreise vier Negerknaben mit nach München bringt, die im Dom dann vom Münchner Erzbischof getauft wurden.

Sein Sohn und Nachfolger als Linienchef, Herzog Karl Theodor in Bayern, verläßt insofern den standesgemäßen Horizont, wie ihn noch das 19. Jahrhundert für Angehörige fürstlicher Häuser vorsah, als er sich für eine ernsthafte wissenschaftliche Tätigkeit und deren berufsmäßige Ausübung als Mediziner entscheidet. 1867 beginnt er seine Laufbahn als praktizierender Arzt im Bereich der Allgemeinmedizin und der Chirurgie, seit 1878 ist er auf die Augenheilkunde spezialisiert; er praktiziert, ohne Rücksicht auf die eigene labile Gesundheit, im In- und Ausland, operiert häufig kostenlos und gründet 1896 die heute noch bestehende Augenklinik Herzog Carl Theodor in der Nymphenburger Straße in München.

Von Kaiserin Elisabeth war schon die Rede. 1837 in München geboren, 1898 in Genf ermordet, zählt die Tochter von Herzog Max unstrittig zu den faszinierendsten Frauengestalten des 19. Jahrhunderts überhaupt. Einerseits wuchs ihr gleichsam kultische Verehrung zu, andererseits hat man kritisch zu registrieren, daß sie, nach Herkunft und Naturell, dem enormen Aufgabenprofil einer habsburgischen Kaiserin nicht gerecht wurde, vielleicht auch gar nicht gerecht werden wollte. Über den Dauerkonflikt mit der (wittelsbachischen) Schwiegermutter, einen ichbezogenen Schönheitswahn und die Vernachlässigung ihrer kaiserlichen Pflichten wird man nicht vergessen dürfen, daß sie im Kontext des österreichisch-ungarischen Ausgleichs von 1867 – durchaus erkennbar – eine politische Rolle spielte. Und in den Zusammenhang der gerade im 19. Jahrhundert besonders engen Heiratsverbindungen zwischen den Häusern

Habsburg und Wittelsbach gehört dann noch die Heirat von Elisabeths Tochter Gisela mit Prinz Leopold von Bayern, dem Bruder des letzten bayerischen Königs Ludwig III., nach dem die Münchner Leopoldstraße benannt ist.

Marie, die jüngere Schwester von Elisabeth, wurde 1841 in Possenhofen geboren, 1858 mit dem Thronerben von Neapel-Sizilien verheiratet und 1859 Königin an der Seite von Franz II. Nach dem Triumphzug Garibaldis auf Sizilien und dessen Landung auf dem Festland versucht sie, ihren Mann zu einem dynamischen Handeln gegen die Revolutionäre zu bewegen, was ihr gleichwohl nicht gelingt. Franz II. entscheidet sich im September 1860 für den Abzug aus Neapel in die Festung Gaeta, die dann ab November von den Truppen Garibaldis belagert wird. Hier entsteht der Mythos der «Heldin von Gaeta», dem durchaus reale Züge der Königin entsprechen: Er gründet sich auf ihren persönlichen Mut, ihre Unerschrockenheit in Augenblicken höchster Gefahr, ihre ungeschützte Teilnahme am Verteidigungskampf, ihre Fähigkeit, die in Gaeta zusammengewürfelten Truppen zu neuem Kampfgeist anzuspornen. Mit der Einnahme von Gaeta durch die Revolutionstruppen beginnt im Jahr 1861 für Marie ein unstetes Leben auf der Flucht und im Exil: in Rom und in München, in Possenhofen und in Augsburg, in Paris schließlich, wo 1894 ihr Mann stirbt und sie auf dem Platz vor der Oper einen Laden für feine Spitzen betreibt. Als über achzigjährige erst kehrt sie nach München zurück, wo sie 1925 stirbt.

Eine Publikation mit dem Titel «Die Wittelsbacher» suggeriert auf den ersten Blick ein homogenes Profil, zumindest Facetten einer Charakterisierung, die über Jahrhunderte hin identifizierbar gleich bleiben. Das mag im Ansatz für Familien und Häuser gelten, deren Geschichte man nur über kürzere zeitliche Wegstrecken hin verfolgen kann. Wenn man es jedoch mit dem Haus Wittelsbach zu tun hat, dann ergibt sich allein schon aus seiner vielhundertjährigen Geschichte ein Reichtum an individueller Präsenz, der einen von der Annahme irgendwie gearteter Homogenitäten Abstand nehmen lassen muß. Und erst recht gilt das, wenn man bedenkt, unter welchen je unterschiedlichen

Abbildung 11: Kaiserin Elisabeth von Österreich

Verhältnissen die Angehörigen des Hauses agieren, mitunter lediglich reagieren.

Der Spannungsreichtum der wittelsbachischen Geschichte im 19. Jahrhundert ergibt sich daraus, daß das ganze Jahrhundert von einer dynamischen Konstanz der anstehenden Probleme gekennzeichnet ist und mit diesen Problemen ganz unterschiedlich konturierte Monarchen konfrontiert sind.

Von den genealogischen Zusammenhängen, in die Max Joseph, um mit ihm zu beginnen, hineinzustellen ist, war schon die Rede. Eine Skizze seiner Person darf einerseits nicht der Gefahr erliegen, die gesamte Geschichte Bayerns in den Jahrzehnten von 1799 bis 1825 rekapitulieren zu wollen, sie darf sich andererseits aber auch nicht im biographischen Detail erschöpfen. Zu letzterem gehören die mentale Verankerung Max Josephs im französisch bestimmten Ancien Régime, die Tatsache, daß er besser Französisch als Deutsch sprach, seine Erziehung im Geiste der Aufklärung und seine Hinneigung zum Freimaurertum, sein Kommando über das Regiment Royal Alsace des französischen Königs in Straßburg, sein gewinnender Charme gegenüber den Damen, eine lang andauernde Junggesellen-Existenz im fließenden Übergang zum lockeren Lebenswandel. Mit dem Ausbruch der Französischen Revolution geht dieses galante Straßburger Dasein abrupt zu Ende. Seit 1785 mit Auguste Wilhelmine von Hessen-Darmstadt verheiratet, ist die Familie – 1786 wird Ludwig, 1788 Auguste Amalie geboren – kurze Zeit später schon auf der Flucht, in Mannheim zuerst, später in Ansbach. Doch schon diese ganz individuellen Beobachtungen verweisen auch auf politische Zusammenhänge: Bei aller Verankerung im Ancien Régime ist ihm das aufklärerische Veränderungspotential nicht fremd; bei aller Ablehnung des revolutionären Frankreich, dem er den Verlust von Stellung und Territorium verdankt, schließt das nachmalige Bündnis mit Napoleon an die frühe frankophile Orientierung an; die in vielfältigen Anekdoten überlieferte Leutseligkeit und Kontaktfreudigkeit erleichtern dem landfremden Monarchen in Bayern den Umgang mit der Bevölkerung. – «Ja Maxl, weil Du nur grad da bist, jetzt wird alles gut!» Die Begrüßungsworte des Bierbrauers

Abbildung 12: König Max I. Joseph

Joseph Pschorr beim Einzug des neuen Kurfürsten 1799 in München sind berühmt geworden.

Hineingeworfen in die Wirrnisse des zweiten Koalitionskriegs, eingezwängt zwischen Napoleon und Habsburg, 1800 schon wieder auf der Flucht vor den Franzosen, die München besetzten, 1801 mit dem definitiven Verlust aller linksrheinischen Gebiete konfrontiert, vollzieht sich die endgültige Hinwendung zu Frankreich, von dem Sicherheit vor Habsburg und Entschädigung für die territorialen Verluste auf dem linken Rheinufer zu erwarten sind.

Bei diesen schwierigen politischen Fragen war Max Joseph freilich nicht auf sich allein gestellt, im Gegenteil: Schon seit 1795 ist Maximilian von Montgelas sein engster Berater und seit 1799 sein leitender Minister. Ihm gelingt es, Max Joseph zum französischen Bündnis zu bestimmen, er hat schon im Ansbacher Exil einen großen Plan entworfen, mit welchen Reformen Bayern zu retten sei, er verantwortet Umfang und Strategie der Säkularisation von 1803, den Zusammenbruch der alten ständischen Ordnung, den administrativen Neuaufbau des Staates, die dabei praktizierte Nachahmung des französischen Beispiels, überhaupt die enge Bindung an Frankreich (bis hin zur Heirat von Max Josephs Tochter Auguste mit Napoleons Adoptivsohn Eugène Beauharnais), den Erlaß der Konstitution von 1808, die in die Fülle der Reformaktionen Systematik und Ordnung bringen sollte, die Neustrukturierung des Verhältnisses von Staat und Kirche und schließlich – nach dem Desaster des Rußlandfeldzugs – die Abwendung von Napoleon und die Teilnahme an der Leipziger Völkerschlacht 1813 an der Seite der Alliierten.

Im Einzelfall ist es schwierig, den Anteil Max Josephs an diesen Entscheidungen, die ja partiell grundstürzender Natur waren, präzise zu benennen. Während man die Heeresreform von 1805 weithin dem Monarchen zuordnen wird, entwickelte er ansonsten keinerlei Ehrgeiz, sein eigener Minister zu sein, legte er zwar Wert darauf, von Montgelas nicht übergangen zu werden, ließ er ihn aber letztlich – auch auf der Basis gemeinsamer Grundüberzeugungen und ausgestattet mit einem erheblichen pragmatischen Instinkt – gewähren.

Im Kontext dieser erfolgreichen Politik an der Seite Napoleons gelingen die Vergrößerung Bayerns um die fränkischen und schwäbischen Territorien und vor allem 1806 die Proklamation Bayerns zum Königreich. Einerseits kann der König bei der Integration der neubayerischen Landesteile eine ganz zentrale Rolle spielen, weil er ja selbst in gewisser Weise als «Neubayer» angesehen werden konnte. Eine derartige Rolle wäre – wenn das Gedankenspiel erlaubt ist – einem Angehörigen der altbayerischen, vom Führer der gegenreformatorischen Partei des 17. Jahrhunderts, von Kurfürst Maximilian I. herrührenden, Kurlinie in dieser Form wohl nicht möglich gewesen. Andererseits haben die Gründlichkeit, mit der Montgelas das System des Alten Bayern beseitigt hat und die Entschiedenheit, mit der er Bayern in das Napoleonische System einband, den massiven Widerstand des Kur- bzw. Kronprinzen Ludwig herausgefordert. Montgelas und Ludwig: Das war nach Habitus und politischem Profil ein scharfer Gegensatz, in dem sich Ludwig erst im Jahre 1817 durchsetzt, als dem König die Entfernung Montgelas' aus seinen Ämtern abgerungen werden kann. Ganz massiv unter dem Einfluß Ludwigs stehen dann noch das Zustandekommen und der Erlaß der Verfassung von 1818, die im Königreich Bayern endgültig das System der sogenannten konstitutionellen Monarchie etabliert, das die Rahmenbedingungen für die bayerische Geschichte bis 1918 im allgemeinen und für die Möglichkeiten wie Begrenzungen der regierenden Wittelsbacher im besonderen definiert. Während es für die Jahrzehnte des Umbruchs vom 18. auf das 19. Jahrhundert und seiner Bewältigung in Bayern durchaus geläufig ist, von der «Ära Montgelas» zu reden, kann man statt vom bayerischen Vormärz bis 1848 problemlos auch vom Zeitalter König Ludwigs I. sprechen. Für seine Regierungszeit wird man die Person des Monarchen in ganz anderer Weise als bei seinem Vater in den Vordergrund rücken. Das gilt für das operative Regierungshandeln einerseits, für die Definition der grundlegenden Ziele bayerischer Staatspolitik andererseits.

In dieser Hinsicht stellt Ludwig I. unstrittig einen Sonderfall in der Abfolge der bayerischen Herrscher des 19. und frühen

20. Jahrhunderts dar. Autonomer hat kein anderer bayerischer Herrscher sein Amt verstanden, autokratischer hat keiner die Herrschaftspraxis ausgeübt, rigoroser hat keiner das monarchische Prinzip unter den Bedingungen des nachrevolutionären Zeitalters umgesetzt. Davon mag eine gewisse Faszination ausgehen; die monarchische Zentrierung bei Ludwig I. als Anachronismus, als Herausforderung der Epoche zu bezeichnen, hat man sicherlich ebensoviel Veranlassung.

Und weil dem so ist, gerät ein Blick auf Leben und Politik dieses Königs sehr schnell tatsächlich zur Geschichte Bayerns in der Zeit seiner Herrschaft. Hinzufügen wird man, daß es kaum einen anderen Angehörigen des Hauses Wittelsbach – über all die Jahrhunderte hin – gibt, über den wir, in Handbüchern, Biographien und monographischen Studien, aufgrund von Editionen und Ausstellungsunternehmungen, so gründlich unterrichtet sind wie über Ludwig I.

Zentrale Prämissen seines Herrscherhandelns versteht man in der Tat nur, wenn man die – überaus lange – Kronprinzenzeit in den Blick nimmt. Dazu gehören das traumatische Erlebnis der Revolution, eine Kindheit auf der Flucht, eine Erziehung von tiefer religiöser Prägung, eine dezidierte Abneigung gegen die Franzosen, eine hochproblematische Mischung aus Haß und Bewunderung, die er Napoleon entgegenbringt, die Stellung des Ministers Montgelas, die er der monarchischen Würde seines Vaters für abträglich hält, die scharfe Opposition gegenüber einer Politik, die die Verbindungslinien zum System des Alten Bayern rigoros kappt und einen rationalistisch dimensionierten Staatsneubau in Angriff nimmt.

Viel schwieriger als in solcher Komplexität die Prägungen für die nachmalige Königsherrschaft zu erkennen, ist es, die Frage nach den eigentlichen Prioritäten der Politik Ludwigs I. zu beantworten. Dieser Schwierigkeit begegnet man ja häufig, wenn es um das Problem geht, was einen der Großen in der Geschichte im Innersten angetrieben, motiviert hat; bei Ludwig fällt dieses Problem besonders diffizil aus, weil er, mit einer schier unglaublichen Energie, allen Teilgebieten der Staatspolitik, häufig bis herunter auf die Ebene des operativen Tagesgeschäfts, seine

Abbildung 13: König Ludwig I.

bohrende Aufmerksamkeit und sein mißtrauisches Engagement entgegenbringt.

Im Kern seines nationalen Credos steht die Bewahrung der Eigenständigkeit des Königreichs Bayern. Die Ordnung des Wiener Kongresses mit der Etablierung des Deutschen Bundes, der die bayerische Souveränität weithin unangetastet ließ, war für Ludwig I. eine vorbildliche, deshalb bewahrenswerte Ordnung. Seine konstitutionellen Grundüberzeugungen sind davon bestimmt, daß es galt, die monarchische Idee, domestiziert durch die Bestimmungen der Verfassung, vor den Gefahren der liberalen Aufweichung und erst recht vor der revolutionären Umwälzung zu bewahren. Und da beobachten wir seine Vorstellung, daß es an ihm sei, den von ihm so verstandenen Traditionsbruch der Montgelas-Zeit zu heilen, seine tief sitzende Überzeugung, daß das Königreich Bayern in ökonomischer und militärischer Hinsicht mit den beiden deutschen Großmächten nicht ernsthaft konkurriere, dies indes sehr wohl auf dem Feld der Kunst- und Kulturpolitik versuchen könne. Und berücksichtigen muß man seine tiefe Überzeugung, daß die Religion eine ganz besonders wichtige Stütze der monarchischen Ordnung sei, daß er dazu aufgerufen sei, im Kontext des Deutschen Bundes und noch darüber hinaus, als Protektor der katholischen Kirche zu agieren. Realisierbar erschien ihm diese ganze Skala von Pflichten, Erwartungen und Perspektiven allerdings nur unter der Voraussetzung, daß das bunt zusammengewürfelte neue Königreich an innerer Konsistenz gewann, daß die Integration der neuen Landesteile erfolgreich vorangetrieben wurde.

Die Attraktivität der politischen Biographie Ludwigs I. wird nun aber noch entscheidend befördert dadurch, daß diese Zielperspektiven in ganz unterschiedliche funktionale Zuordnungen eingebunden waren, Beispiele müssen genügen: Der König wollte mit seiner Politik der Klostererneuerung gleichzeitig Säkularisationsverluste sanieren, das kirchliche Schulwesen der Stabilisierung der monarchischen Idee dienstbar machen, nach außen die Unabhängigkeit Bayerns vom Papsttum demonstrieren, indem er jede römische Mitwirkung weit von sich wies, und der Öffentlichkeit seinen historischen Sinn vor Augen führen, indem er ostentativ die Minoriten bevorzugte – als eine Geste der Dankbarkeit dafür, daß diese im 14. Jahrhundert Ludwig den Bayern in seiner Auseinandersetzung mit der Kurie unterstützt hatten.

Ludwigs Kunst- und Kulturpolitik war sicherlich angestoßen von einem individuellen, auch ästhetisch definierten, Gestaltungswillen; deren Dimensionen werden jedoch erst nachvollziehbar, wenn man berücksichtigt, wie sehr er dadurch die Stellung Bayerns im Kreis der deutschen Staaten herausheben, also absichtsvoll nationalpolitische Wirkungen erzielen wollte. Das gilt für den Bau der beiden Pinakotheken und der Glyptothek, für den Triumphalismus der Hof- und Staatsbibliothek, für die Gestaltung der Münchner Ludwigstraße oder des Königsplatzes mit den Propyläen und noch für die großen Denkmalprojekte: die Walhalla und die Befreiungshalle, die Ruhmes- und die Feldherrnhalle. Und ohne seine tief verwurzelte Überzeugung, daß die ästhetische Erziehung des Menschen antirevolutionäre Wirkungen zu erzielen imstande sei, wird man der kunstpolitischen Energie dieses Monarchen auf keinen Fall gerecht.

Vergleichbar komplex stellt sich die Griechenlandpolitik Ludwigs I. dar. Ein grundständiger Philhellenismus verband sich mit den Ambitionen des Monarchen, mittels einer Sekundogenitur in Griechenland den Rang des Hauses erhöhen und auf einer europäischen Ebene stabilisieren zu können: 1832 gelang die Erhebung des zweitgeborenen Sohnes, des Prinzen Otto (1815–1867), zum König von Griechenland. Otto verdankte diese Würde in erster Linie dem Kalkül der europäischen Mächte, er war in Griechenland selbst mit schier nicht zu bewältigenden finanziellen, wirtschaftlichen, politischen und konstitutionellen Problemen konfrontiert und wurde 1862 gestürzt. Lange Zeit lediglich als «griechisches Abenteuer» verschrien, das von Anfang an zum Scheitern verdammt gewesen sei, urteilt man heute differenzierter und auch griechischerseits positiver, wenn etwa auf die Verlegung der griechischen Hauptstadt von Nauplia nach Athen und dessen Ausbau zur Residenzstadt, auf die Gründung der ersten griechischen Universität, auf die Rettung der Akropolis und die Bemühungen um den Denkmalschutz hingewiesen wird oder die bayerischen Initiativen im Bereich der Straf- und Zivilgesetzgebung, der medizinischen Versorgung, des Schulwesens gewürdigt werden.

Ludwig I., um wieder auf die bayerischen Verhältnisse zurückzulenken, dankte am 20. März 1848 ab, und man muß hinzufügen, daß er dies freiwillig tat. Diese Freiwilligkeit stand indes in einem spezifischen Kontext. Die Skandalisierung seiner Beziehung zu einer ominösen Tänzerin namens Lola Montez führte zu tiefen Verletzungen und abrupten Entscheidungen des Königs. Die Tatsache, daß er sich in der Proklamation vom 6. März 1848 zur Anerkennung von Reformforderungen verpflichten mußte, die quer standen zu seinen lebenslangen konstitutionellen Grundüberzeugungen, war für den Monarchen Anlaß genug, auf die Königswürde zu verzichten.

«Wäre ich nicht in einer königlichen Wiege geboren, dann wäre ich am liebsten Professor geworden.» Dieses Eingeständnis ist von König Maximilian II. überliefert und markiert einen veritablen Gegensatz zwischen ihm und seinem Vater, König Ludwig I. In der öffentlichen Erinnerung ist Maximilian II. eher positiv konnotiert: ohne den rigorosen Autokratismus seines Vaters, aufgeschlossen und weltzugewandt auf den Feldern von Wissenschaft, Sozialpolitik und Technik, bereit, den konstitutionellen Forderungskatalog der Märzbewegung des Jahres 1848 in die Tat umzusetzen, bemüht, «die Wunden der Zeit zu heilen».

Es ist wohl unstrittig, daß Maximilian II. ein autochthones Interesse an der Wissenschaft hatte, das in seiner Intensität vielleicht wirklich der Begeisterung seines Vaters für die Kunst an die Seite zu stellen ist. Auch in der Regierungspraxis des Monarchen begegnet dieses permanente Bemühen um subtile Abwägung, gutachtengestützte Durchdringung und expertengesteuerte Entscheidungsfindung anstehender staatspolitischer Angelegenheiten. Zu solcher – wenn man so will – Akademisierung der politischen Entscheidungsprozesse kam ein Zweites: Das Scheitern des autokratischen Experiments Ludwigs I. bedeutete für alle Nachfolger, zuerst einmal für Maximilian II., daß die Wiederholung eines solchen Experiments auf keinen Fall mehr in Frage kam. Das Scheitern Ludwigs, die Tragweite der Reformversprechen und der individuelle Habitus Maximilians II. führten nach 1848 zur massiven Schwächung der Position des Monarchen und zur Stärkung der Position des Ministeriums. Waren die Minister bei Ludwig I. mehr oder weniger lediglich die Vollzugsorgane des königlichen Willens, so begegnet uns Maximilian II. immer wieder als der Unterlegene, wenn es um Auseinandersetzungen mit seinem Ministerium geht. Das bedeutet, daß man bei den wissenschafts- und kulturpolitischen Leistungen, die man in der Maximilian II.-Zeit beobachten kann und die viel zum positiven Image des Königs beigetragen haben, immer sehr vorsichtig im Urteil darüber zu sein hat, in welchem Umfang sie tatsächlich solche des Monarchen waren.

Und eine zweite Einschränkung wird man hinzufügen, wobei wiederum der Vergleich mit der Zeit Ludwigs I. hilfreich ist. Dieser agierte im Horizont seiner Kunst- und Baupolitik immer aus der selbstbewußten Sicherheit heraus, die Konkurrenz mit Wien, Berlin oder Dresden nicht scheuen zu müssen. Maximilian II., der selbst an den Universitäten in Göttingen und Berlin studiert hatte, handelte demgegenüber weit eher aus der Überzeugung, daß der Inferiorität der bayerischen Verhältnisse nur mit dem wissenschaftspolitischen Import aus Norddeutschland zu begegnen sei. Die viel zitierten nach Bayern berufenen «Nordlichter» haben in manchen Bereichen das akademische Niveau sicherlich erhöht, aber auch zur gesellschaftlichen Desintegration beigetragen.

Überblickt man die maximilianeische Wissenschafts- und Kulturpolitik, so sind die Resultate durchaus eindrucksvoll: die Gründung des Bayerischen Nationalmuseums und des Maximilianeums, die Berufung von bedeutenden Wissenschaftlern wie der Historiker Heinrich von Sybel und Wilhelm von Giesebrecht oder des Chemikers Justus von Liebig, die Einrichtung des Historischen Seminars an der Universität in München und der Historischen Kommission bei der Königlichen Akademie der Wissenschaften. – Vor allem die zuletzt genannten Aktivitäten, bei denen auch noch die Gründung der «Historischen Zeitschrift» nachzutragen wäre, verweisen auf einen weiteren Zusammenhang der maximilianeischen Politik. Wie seinem Vater, so ging es auch Maximilian II. um die Stabilisierung der bayerischen Souveränität. Tatsächlich geriet deren Bedrohung in den 50er und 60er Jahren des 19. Jahrhunderts massiver als das im deutschen Vormärz der Fall gewesen war. Mit der Professionalisierung im Bereich der Geschichtswissenschaft und der Transferierung der Ranke-Schule nach München verband Maximilian II. die Hoffnung, im Blick auf die bayerische Eigenstaatlichkeit einen Stabilisierungseffekt herbeiführen zu können. Daß sich diese Hoffnungen, angesichts der aggressiv kleindeutschen Ausrichtung etwa von Sybel, sehr schnell zerschlugen, sei noch hinzugefügt.

Und ein letztes Stichwort, das immer wieder mit der Regierungszeit von Maximilian II. in Beziehung gesetzt wird, darf nicht vergessen werden: die Triaspolitik. Damit verbindet sich die Vision, den beiden deutschen Großmächten Preußen und Österreich ein Bündnis der Mächte des sogenannten Dritten Deutschland gegenüberstellen zu können, um damit den deutschen Dualismus, der für die Mittel- und Kleinstaaten existenzbedrohend war, zu entschärfen und gleichzeitig den Fortbestand des Deutschen Bundes zu sichern. Maximilian II. verstand das Königreich Bayern als Kern dieser Trias-Konzeption, deren Realisierungschancen aber wahrscheinlich genau deswegen so marginal waren, weil die anderen Klein- und Mittelstaaten den dominierenden Einfluß Bayerns fürchteten.

König Ludwig II. braucht wahrscheinlich nicht einmal einen weltweiten Vergleich zu scheuen, wenn es um den je individuellen Bekanntheits-, den Berühmtheitsgrad einer historischen Persönlichkeit geht. Dieser rührt nicht zuletzt daher, daß in der Figur Ludwigs II. ganz verschiedene Geschichten zusammenmünden, sich wechselseitig ergänzen, in ihrer Dramatik verschärfen, menschlich anrühren und die historiographische Phantasie beflügeln. Das Spektrum reicht dabei von den Skurrilitäten der im bayerischen Oberland angesiedelten Ludwig-II.-Vereine bis zur Lyrik Paul Verlaines und den filmischen Adaptionen von Helmut Käutner und Luchino Visconti.

Da ist einmal die «Skandal-Story» seines Lebens: die angeblich freudlose Kindheit und das schwierige Verhältnis zu Vater

Abbildung 14: König Ludwig II.

und Mutter, die romantisch-platonische Beziehung zur Kaiserin Elisabeth und die Homosexualität, die Begeisterung für Richard Wagner und die Förderung seines Werks, die gelöste Verlobung und die Tatsache des frühen körperlichen Verfalls, die Menschenscheu des Königs und das Finanzdesaster im Zusammenhang mit seinen Schlösserbauten. Da gibt es zum anderen den «Polit-Thriller» seiner Entmündigung und im Anschluß daran den Kriminalfall des 13. Juni 1886 im Starnberger See. Und da haben wir eine Rezeptionsgeschichte, die erkennbar bis in die Gegenwart reicht, die von einander immer wieder in neuen Konstellationen sich überlagernden Erinnerungsschichten bestimmt ist und unverwechselbare Kult- und Mythosformationen ausgebildet hat: von den Verfilmungen Käutners und Viscontis über die Ludwig-Vereine im bayerischen Oberland bis zu dem täglich frischen Rosenstrauß am Sarkophag des Königs in der Münchner Michaelskirche.

Nicht unwichtig für das weitere Schicksal Ludwigs II., aber in ihrer Bedeutung von Teilen der Literatur oftmals grotesk übersteigert, sind die Kinder- und Jugendjahre. Die schwärmerischen und emotionalen Akzentsetzungen seines Lebens- und Weltgefühls fallen nicht eigentlich aus dem Rahmen einer Epoche, die in spätromantischer Manier ein Lebensgefühl kultivierte, an dem der junge Prinz Anteil hatte. Richtig ist wohl, daß dieses Lebensgefühl im Gegensatz zu den Werthaltungen seines Vaters stand. Und nicht verzichten wird man auf das Urteil, daß von einer zielgerichteten, systematischen und sachgerechten Vorbereitung Ludwigs auf seine zukünftige Stellung als Monarch keine Rede sein kann. In summa erscheint es jedoch unangebracht, in der Biographie des Kronprinzen die Präfiguration der nachmaligen Katastrophe erkennen zu wollen.

Zwei Betrachtungsweisen konkurrieren im Blick auf Ludwig II. miteinander: die enge Konzentration und Fixierung auf sein persönliches Schicksal, einschließlich der Frage nach seiner Krankheit und seinem Tod einerseits, und andererseits der Versuch, das Phänomen Ludwig II. in den politischen Kontext seiner Zeit zu plazieren und von daher zu bewerten. Ersteres interessiert die Boulevardpresse und wird auch in der Literatur über

Ludwig breit entfaltet. Letzteres verdient eigentlich unser Interesse, es zielt nämlich darauf ab, daß Ludwig unter dem Trauma eines zweifachen Scheiterns leidet, in dessen Zusammenhang sein weitgehender Rückzug aus der Politik sowie seine Entmündigung zu erklären sind.

Man braucht kein Psychologe zu sein um ermessen zu können, wie der Vorgang und das Ergebnis der Reichsgründung von 1871 auf Ludwig II. wirken mußte. Der König befand sich in Übereinstimmung mit einer breiten Bevölkerungsmehrheit, wenn er, ganz in den von ihm stolz gepflegten Traditionen seines Hauses, in der Reichsgründung eine Mediatisierung Bayerns zugunsten des preußischen Vorherrschaftsanspruchs bei der kleindeutschen Lösung der nationalen Frage sah. Über den Verlust zentraler Souveränitätsrechte konnte ihn nichts – kein Reservat- und kein Sonderrecht – hinwegtäuschen; dieser Verlust wurde zum Trauma seiner politischen Vorstellungswelt. Das Gefühl, in einer Schicksalsfrage der bayerischen Geschichte versagt zu haben, hat viel dazu beigetragen, die Flucht des Königs aus der Realität zu befördern, hat ihm Motiv und subjektiv tragfähige Begründung für diese Flucht geliefert.

Und doch: Den eigentlichen Schlüssel zum Verständnis von Rückzug und Entmündigung hat man erst dann in Händen, wenn man das Verhältnis Ludwigs zu seinem Ministerium und zum Landtag zentral gewichtet. In der Literatur wird viel zu wenig beachtet, daß Ludwig II. zu Beginn seiner Herrschaft, ganz im Stile seines Großvaters, Ludwigs I., versuchte, seinen eigenen Standpunkt – etwa in Denkmalschutzfragen – durchzusetzen und damit gegenüber seinem Ministerium grandios scheiterte. Es ist beklemmend, wenn man in den einschlägigen Akten verfolgen kann, wie eine eindeutige politische Willensbekundung des jungen Monarchen von ebendiesem Ministerium abgeblockt wurde. In einer raffinierten Mischung aus psychologischem Kalkül, Zurückweisung des monarchischen Anspruchs, Betonung der ministeriellen Verantwortung und souveräner Beherrschung des bürokratischen Geschäftsgangs wurden die Initiativen des Königs desavouiert, als lächerliche Versuche eines politisch unerfahrenen Jünglings konterkariert. – Seinem Vater, König Maximilian II., war über weite Strecken dasselbe politische Schicksal zuteil geworden. Der Unterschied liegt in der Reaktion der beiden Monarchen: Ludwig II. verfügte nicht über die Fähigkeit seines Vaters, über das eigene Scheitern hinwegzusehen; er zog daraus – vielleicht zu früh, sicherlich zu radikal – die Konsequenz, den Kampf aufzugeben, zu resignieren, in seine Traumwelt zu flüchten.

Um die eigentliche Tragik der politischen Existenz Ludwigs II. zu ermessen, sind drei weitere Aspekte in das bisherige Bild zu integrieren. Der erste, einfachere: Das Ministerium profitierte von diesem Rückzug des Königs in ganz unglaublicher Weise, es genoß eine Situation, in der der Monarch nur noch seiner eigenen Phantasiewelt der Wagnerschen Opern und seiner Schlösser lebte, es konnte das System einer Minister-Regierung etablieren. Der zweite, wesentlich kompliziertere: Das politische Programm Ludwigs war innen- und außenpolitisch durchaus konservativ. In seiner bayerisch-monarchisch-katholischen Grundstruktur befand es sich in Übereinstimmung mit der Bevölkerungs- und, was schwerer wiegt, der Landtagsmehrheit; das regierende Ministerium aber war liberal. Die naheliegende Konsequenz, das regierende liberale Ministerium abzusetzen und durch ein katholisch-konservatives Ministerium zu ersetzen, hätte – neben diversen anderen Konsequenzen – die Tendenz zur Herrschaft des Parlaments, einen ersten Schritt zur Parlamentarisierung, zur parlamentarischen Monarchie bedeutet. Genau jenen Schritt wollte Ludwig nicht tun; deshalb blieb das liberale Ministerium im Amt. Und hier schließt der dritte Aspekt an, ein leicht eingängiger: 1886 kündigte sich an, daß Ludwig vielleicht doch seine Parlamentarisierungs-Bedenken beiseite legen und ein patriotisches Ministerium berufen könnte. Das evozierte ministerielle Panik: Das Ministerium handelte 1886 also nicht deshalb, weil die Krankheit Ludwigs zum Problem geworden wäre, sondern weil die eigene ministerielle Existenz in Gefahr war. Was 20 Jahre lang die Basis der ministeriellen Machtstellung gewesen war, nämlich die weitgehende politische Abstinenz des Königs, das galt dem Ministerium nun, da es selbst gefährdet war, als Argument für die Geisteskrankheit des Königs.

Hier ist der eigentliche Skandal, der politische Skandal der Entmündigung angesiedelt; der Rest ist eine persönliche Tragödie, aber kein politisches Thema mehr. Und beim Tod im Starnberger See sind Verschwörungstheorien nicht sonderlich plausibel oder hilfreich; der Historiker darf auch einmal sagen: Wir wissen es nicht, was sich am 13. Juni des Jahres 1886 zugetragen hat.

Die konsequent praktizierte Konzentration auf die Könige des 19. Jahrhunderts aus dem Hause Wittelsbach läßt sich mit guten Gründen rechtfertigen. Und doch hat etwa der kleine Exkurs zur Linie der Herzöge in Bayern gezeigt, wie sehr die Geschichte des Hauses Wittelsbach zusätzlich an Lebendigkeit gewinnt, wenn man es nicht bei dieser Beschränkung auf die Regierenden beläßt. Bevor die Geschichte des Königreichs bis zu ihrem Ende verfolgt wird, soll von drei Mitgliedern des Hauses die Rede sein, die gleichsam in der zweiten Reihe standen: Prinz Karl (1795–1875), Prinz Leopold (1846–1930) und Prinzessin Therese (1850–1925).

Prinz Karl war der jüngere Bruder von König Ludwig I.; zwei Umstände sind an seiner Karriere bemerkenswert. Da ist zum einen, nach einer rein militärischen Erziehung, die steile militärische Laufbahn. In Begleitung Wredes nahm er 1814 an den Befreiungskriegen, an den Schlachten von Brienne und Arcis-sur-Aube teil, 1813 hatte er das Generalkommando in München übernommen, 1838 wurde ihm der Oberbefehl über die bayerische Armee übertragen, 1841 folgte seine Ernennung zum Feldmarschall und Generalinspekteur und 1866 hatte er das Oberkommando im Mainfeldzug inne. Da ist auf der anderen Seite sein alles andere als spannungsfreies Verhältnis zum älteren Bruder, zu Ludwig I. Das mag in die Kindheit zurückreichen, in der er seinem Vater Max Joseph weit näher stand als der Erstgeborene; das äußerte sich mitunter darin, daß die beiden Brüder jeweils kontrastierende politische Haltungen einnahmen. Das war wahrscheinlich nicht zuletzt auch darin begründet, daß Karl in der gesellschaftlichen Öffentlichkeit der mit Abstand beliebtere war, der «beau prince de Bavière». Zweimal morganatisch verheiratet, materiell glänzend ausgestattet, Erbe des

Schlosses Tegernsee samt allem Zubehör, verfügungsberechtigt über den clementinisch-marianischen Fideikommiß, der u. a. aus großen böhmischen Gütern bestand, von der Stiefmutter kräftig beim Bau des heutigen Prinz-Carl-Palais unterstützt, lassen sich Rivalitäten und Animositäten leicht vorstellen und erklären. Und dennoch: 1848 war es nicht zuletzt seinem energischen Zugriff zu danken, daß die Revolution in München unblutig verlief.

Die militärische Laufbahn des Prinzen Leopold, des zweitgeborenen Sohnes von Prinzregent Luitpold, kennt zwei Höhepunkte. 1892 wurde er zum Generalinspekteur der 4. Armeeinspektion ernannt, was, angesichts der Militärverhältnisse im Kaiserreich und im Zeichen des Wilhelminismus von erheblicher politischer Bedeutung war und woran sich 1905 noch die Ernennung zum bayerischen Generalfeldmarschall anschloß. 1913 schied Leopold, zugunsten seines Neffen Kronprinz Rupprecht, aus dem aktiven Dienst aus, um im Ersten Weltkrieg 1915 wieder reaktiviert zu werden, was ein weiteres Mal einen steilen Aufstieg zur Folge hatte: 1915 der Oberbefehlshaber über die 9. Armee und die Eroberung Warschaus, 1916 preußischer Generalfeldmarschall und Oberbefehlshaber Ost, 1918 die Unterzeichnung des deutsch-russischen Friedensvertrags in Leopolds Hauptquartier in Brest-Litowsk.

Prinzessin Therese ist die Schwester Leopolds. Sie wuchs in München und in Lindau am Bodensee auf, erhielt eine gründliche Ausbildung, erlernte frühzeitig zahlreiche Sprachen, wandte sich der Botanik, der Zoologie, der Geographie und der Ethnologie zu, blieb unverheiratet und ging ihren Interessen zunehmend in professioneller Weise nach. Therese hat ein reiches publizistisches Erbe hinterlassen, wobei die Buchtitel ihre Schwerpunkte signalisieren: «Reiseeindrücke und Skizzen aus Rußland», «Über den Polarkreis», «Meine Reise in die brasilianischen Tropen». Von ihren zahlreichen Reisen brachte sie in seltener Reichhaltigkeit Funde und Erwerbungen mit, die heute noch zum Grundstock der Sammlungen des Münchner Völkerkundemuseums gehören. Ihre wissenschaftlichen Verdienste wurden durch die Mitgliedschaft in der Königlich Bayerischen

Akademie der Wissenschaften und die Verleihung der Ehrendoktorwürde der Philosophischen Fakultät der Münchner Universität 1897 geehrt.

Nur eine einzige Epoche der bayerisch-wittelsbachischen Geschichte ist explizit nach dem Monarchen benannt, der während dieser Zeit regiert hat: die Prinzregentenzeit, also jene Jahrzehnte zwischen 1886 und 1912, die häufig so bezeichnete «gute alte Zeit», in der, wenn man der Ironie Thomas Manns folgt, «München leuchtete». An diesen Befund könnte man vielfältige Reflexionen anknüpfen, war Prinzregent Luitpold unter allen bayerischen Monarchen des Königreichs doch sicherlich derjenige, dessen individuelles politisches Profil die Zeitverhältnisse am wenigsten geprägt hat. Überblickt man indes den Entwicklungsgang der deutschen Monarchien im 19. und beginnenden 20. Jahrhundert, so begegnet uns im Regenten – die offizielle Titulatur lautete: des Königreichs Bayern Verweser – eine Figur, die die Transformationen der monarchischen Idee am Ende des monarchischen Zeitalters in geradezu idealtypischer Weise zu erkennen gibt.

Im Jahre 1886 war die Entmündigung Ludwigs II. auf den Weg gebracht worden. Nach dem eigentlichen Akt der Entmündigung am 10. Juni 1886, der nichts am nominellen Königtum Ludwigs änderte, übernahm Prinz Luitpold – geboren 1821 in Würzburg als Sohn des damaligen Kronprinzen Ludwig, des nachmaligen Königs Ludwig I. – gemäß der Verfassung die Reichsverweserschaft. Nachdem Ludwig II. am 13. Juni 1886 im Starnberger See ums Leben gekommen war, blieb Luitpold Prinzregent, doch nunmehr für den geisteskranken Bruder von Ludwig II., für König Otto.

Luitpold war unmittelbar nach diesen Tagen der Königskatastrophe von 1886 vielfältigen Verdächtigungen und Anfeindungen ausgesetzt, am Schicksal Ludwigs II. schuld zu sein. Nach allem, was wir wissen, hat Luitpold bei der Entmündigung seines Neffen keinerlei aktive Rolle gespielt, er mußte vielmehr vom Ministerratsvorsitzenden Johann von Lutz zur Mitwirkung am Entmündigungsverfahren geradezu gedrängt werden. Eine solche Einschätzung erscheint plausibel, wenn man die

Karriere Luitpolds vor 1886 in Rechnung stellt und gebührend berücksichtigt, daß er, zeit seiner Regentschaft, weder willens noch bereit war, die Reichsverweserschaft in ein Königtum umzuwandeln.

Luitpold war der dritte Sohn König Ludwigs I. und als solcher eigentlich ohne realistische Aussicht, jemals den bayerischen Thron besteigen zu können. Seine Erziehung hatte ihren Schwerpunkt im militärischen Bereich, seine militärische Laufbahn absolvierte er, anders als die meisten seiner Standesgenossen, bei der Artillerie. Als Kommandeur der 3. Division erlebte er die Niederlage der bayerischen Armee im Krieg von 1866, zwischen 1866 und 1870 reorganisierte er die bayerische Armee nach preußischem Vorbild, 1870 war er der bayerische Vertreter im Großen Hauptquartier und als solcher überreichte er dem preußischen König Wilhelm I. den sogenannten Kaiserbrief Ludwigs II.

Die eigentliche Leistung Luitpolds besteht in der Stabilisierung der bayerischen Monarchie nach 1886. Dies war nicht sein autochthones Verdienst und entsprang nicht seiner eigenen kreativen politischen Phantasie. Aber es war ein Glücksfall in der Geschichte der Wittelsbacher, daß er über alle die Qualitäten verfügte, die bei einer solchen Stabilisierungsstrategie erforderlich waren: die Würde des hohen Alters und des gelernten Militärs, Leutseligkeit und Disziplin, Pflichtgefühl und Mildtätigkeit, die Bereitschaft zur Begegnung mit dem einfachen Volk und ein Talent zur Volkstümlichkeit, ein unaufgeregtes Mäzenatentum und die Bereitschaft, die eigene Religiosität etwa bei der Münchner Fronleichnamsprozession auch öffentlich und vor allem öffentlichkeitswirksam zur Schau zu stellen.

Wenn vom des Königreichs Bayern Verweser und der angeblich so idyllischen Prinzregentenzeit die Rede ist, dann dürfen zwei abschließende Aspekte nicht zu kurz kommen. Die bayerische Politik war von der Mitte des 19. Jahrhunderts bis zum Jahr 1912 davon gekennzeichnet, daß die regierenden Ministerien mehr oder weniger liberal, nationalliberal ausgerichtet waren; von den Konsequenzen dieses Umstands im Umfeld der Königskatastrophe von 1886 war die Rede gewesen. 1912 wurde

Georg von Hertling Vorsitzender im bayerischen Ministerrat. Luitpolds Sohn, der nachmalige König Ludwig III., hatte seinem Vater die Zustimmung zu dieser – mehr als gravierenden – Personalentscheidung abringen können: Hertling war von 1870 bis 1890 und von 1896 bis 1912 Mitglied der Zentrumsfraktion im Reichstag, er war von 1909 bis 1912 deren Vorsitzender, er galt als eine der herausragenden Figuren des politischen Katholizismus in Deutschland, Gründer der Görres-Gesellschaft, von 1882 bis 1911 Philosophieprofessor an der Münchner Universität. Die zweite Bemerkung zielt auf das prinzregentenzeitliche Idyll, denn dieses wurde seit den späten 60er Jahren des 20. Jahrhunderts in Teilen der Literatur energisch in Frage gestellt. Es wurde argumentiert, daß die gesellschaftlichen Spannungen in einer Art und Weise zugenommen hätten, daß nicht der gesellschaftliche Konsens und das einträchtige Nebeneinander verschiedener Volksschichten als Spezifikum der Prinzregentenzeit angesehen werden dürfe, sondern der gesellschaftliche Antagonismus, der sich dann, naturwüchsig, in der Revolution von 1918 entladen habe. So naiv sich aus heutiger Sicht die schlichte Annahme einer guten alten Zeit ausnimmt, so abwegig erscheint es, das Profil einer Epoche am Ideal eines spannungsfreien Nebeneinanders unterschiedlicher gesellschaftlicher und politischer Gruppierungen messen zu wollen. – Mit solchen Überlegungen gerät diese Skizze ganz unmittelbar in den Umkreis der Regierungszeit des letzten bayerischen Königs, Ludwigs III.

«Wenn wir eine Reichsverfassung hätten, nach der der Kaiser vom Volk gewählt würde und in der die Vorschrift enthalten wäre, der Kaiser muß aus einem der regierenden Fürstenhäuser gewählt werden, – ich gebe Ihnen mein Wort, Prinz Ludwig hätte die größte Aussicht, deutscher Kaiser zu werden. Ich glaube meine Parteigenossen, so wenig sie monarchistisch gesinnt sind, stimmten einstimmig für ihn.» Vom Vorsitzenden der deutschen Sozialdemokratie, von August Bebel, stammt diese Einschätzung und sie zielt auf Prinz Ludwig von Bayern, den nachmaligen König Ludwig III., der gleichwohl 1918 dann der erste deutsche Monarch ist, der in der Novemberrevolution seinen Thron verliert. Mit der Person und der politischen Biographie Ludwigs ist somit unweigerlich die Frage nach der Revolution vom November 1918 verknüpft, die Frage nach deren Ursachen, deren Zwangsläufigkeit, deren konkreten Anlässen.

Im November 1918 gehen 738 Jahre wittelsbachischer Herrschaft in Bayern zu Ende. Angesichts der Dramatik einer solchen Zäsur haben sich Zeitgenossen und Historiker ebendiese Fragen nach den Anlässen und Ursachen immer wieder gestellt. Und sie haben dabei ganz unterschiedliche Antworten gefunden. War diese Revolution vielleicht doch nur eine Art «Theatercoup» einer Handvoll landfremder Revoluzzer, denen ein einziges zuverlässiges Bataillon hätte ein Ende bereiten können? Obwohl diese Erklärungsvariante immer wieder begegnet, wird man heute doch Abschied zu nehmen haben von der Vorstellung einer Revolution aus gleichsam heiterem Himmel.

Von ganz anderen Voraussetzungen her hat sich in der bayerischen Landesgeschichtsschreibung, es war davon schon bei den Bemerkungen zur Prinzregentenzeit die Rede, eine Deutungsvariante eingenistet, die die Revolution von 1918 nur noch als den letzten Akt einer Verfallsgeschichte der bayerischen Monarchie betrachtet, die spätestens mit dem Thronverzicht Ludwigs I. eingesetzt habe und über die Königskatastrophe von 1886 bis hin zur Regentschaftsbeendigung von 1913 reiche. Noch grundsätzlicher argumentiert eine dritte, ins Staatstheoretische gewendete Variante. Sie versteht die Revolution von 1918 als den quasi logischen Schlußpunkt einer Entwicklung, die davon gekennzeichnet sei, daß die Idee der konstitutionellen Monarchie von Anfang an – weil als Typus ohne eigenständiges Recht in der Verfassungsentwicklung – zum Untergang verurteilt war, als zwar notwendiges, aber notwendigerweise transitorisches Stadium zwischen der absoluten Monarchie und der parlamentarisch-republikanischen Demokratie.

Angesichts solcher Zusammenhänge gewinnt die Frage an Gewicht, ob denn das individuelle Profil Ludwigs III. irgendeinen Anhaltspunkt zum Verständnis der Revolutionsursachen liefert. – Zeitgenossen und Biographen haben immer wieder Ludwigs bürgerlichen Zuschnitt hervorgehoben. Von der betonten Einfachheit seiner privaten Lebensführung, von Leutseligkeit, von untadeligem Pflichtbewußtsein ist dabei die Rede, auch davon, daß ihm das Grandseigneurhafte seines Vaters abging. Die höfische und die militärische Repräsentation fiel ihm schwer, sein politisches Engagement galt konkreten wirtschafts- und sozialpolitischen Fragen. Die Bewertung kann ob solcher Voraussetzungen von echter Bewunderung für einen Bürgerkönig bis zum ironisierenden Spott reichen, auf Ludwig den «Vielfältigen» etwa, der in Kleiderfragen nur geringe Sorgfalt walten ließ. Aber man kann auch grundsätzlicher argumentieren: Konnte der Stabilisierung der monarchischen Idee am Beginn des 20. Jahrhunderts tatsächlich mit einem König gedient sein, der das Feld der monarchischen Repräsentation weithin ungenutzt liegen ließ, der den staunenerweckenden Pomp der Monarchie ersetzen wollte durch die Untadeligkeit der privaten Lebensführung?

Eine biographische Skizze Ludwigs III. muß ferner auf die religiös-kirchliche Ausrichtung seiner Existenz, einschließlich ihrer politischen Konsequenzen, auch auf deren ausgesprochen zivile Orientierung hinweisen, muß die enge verwandtschaftliche Bindung an Habsburg und eine emotionale Zuwendung zu Österreich benennen, seine wache Sorge gegenüber allen zentralistischen Tendenzen der Wilhelminischen Ära und seinen Einsatz für Buchstaben und Geist der föderativen Ordnung von 1871 gebührend berücksichtigen. Problematisch wird immer der letztendes dann doch erfolgreich durchgeführte Versuch Ludwigs III. bleiben, noch zu Lebzeiten des, wenn auch nur nominell, regierenden Königs Otto, die Regentschaft zu beenden und sich selbst als König zu etablieren. Kernfragen der monarchischen Idee und des Legitimitätsprinzips waren von diesem Versuch tangiert, und auch in der Volksmeinung war dieser Griff Ludwigs nach der Krone durchaus geeignet, Antipathien hervorzurufen.

Und doch wird man letztlich nicht fündig werden bei dem Unterfangen, in der Person oder in der Politik Ludwigs III. die ausschlaggebenden Ursachen oder Anlässe für die Revolution von 1918 zu erkennen. Entscheidend war anderes: die seit dem Beginn des Ersten Weltkriegs rasch anwachsenden Probleme im Ernährungsbereich, der daraus folgende Gegensatz zwischen Stadt und Land, die steigenden Ablieferungsquoten an Preußen, die fehlenden Kräfte in der Landwirtschaft; der Vorwurf einer ungleichen Verteilung der Kriegslasten, die damit verbundene Kritik an der staatlichen Autorität, den Herausforderungen des Krieges nicht gewachsen zu sein; das Empfinden, in Bayern zum Befehlsempfänger der Obersten Heeresleitung degradiert worden zu sein; die völlige Ausschöpfung aller Reserven, der Unwille, weiteren Durchhalteappellen Folge zu leisten; 180 000 bayerische Kriegstote schließlich.

Nicht die strukturelle Schwäche der monarchischen Idee und auch nicht die vermuteten oder tatsächlichen Verfallserscheinungen in der bayerischen Monarchie ließen am Ende des Krieges die Revolution siegen. Resignation, Kriegsmüdigkeit und Friedenssehnsucht dominierten das Bewußtsein, schufen eine Stimmung, in der dann der Umsturz erfolgreich sein konnte. Auf diesem Hintergrund gelang es, die Monarchie unter dem Motto der Kriegsbeendigung zu beseitigen. Die Demonstration auf der Münchner Theresienwiese am Nachmittag des 7. November 1918 war in erster Linie eine Friedensdemonstration und nicht primär ein Unternehmen mit dem Zweck der Herbeiführung des revolutionären Umsturzes. Das Haus Wittelsbach war nicht der eigentliche Adressat dieser Aktion, die sich vor allem gegen den Krieg richtete, damit allerdings gleichzeitig gegen jene, die für die Verlängerung des Kriegs Verantwortung trugen. In diesen Sog geriet dann auch die bayerische Monarchie; sie fand keine Verteidiger mehr, sie kam mit den Verfassungsreformen vom 2. November 1918, die Bayern in eine parlamentarische Monarchie verwandelt hätten, zu spät, sie hatte im Krieg zu viel an Autorität verloren.

Je tiefer man in die Problematik von Krieg und Revolution eindringt, um so weiter entfernt man sich vom Anliegen einer biographischen Skizze Ludwigs III. In den Vordergrund rückt eine Autoritätskrise des Systems, dem an der Verlängerung des Kriegs die Schuld gegeben wird, dessen Unfähigkeit, mit dem Krieg fertig zu werden, als Schuld verstanden wird.

Anhang

Literaturverzeichnis

Aretin, Cajetan von: Vom Umgang mit gestürzten Häuptern: Zur Zuordnung der Kunstsammlungen in deutschen Fürstenabfindungen 1918–1924; in: Thomas Biskup und Martin Kohlrausch (Hgg.): Das Erbe der Monarchie. Nachwirkungen einer deutschen Institution seit 1918; Frankfurt a. M., New York 2008, S. 161–183

Bayern, Adalbert von: Die Wittelsbacher. Geschichte unserer Familie; München 1979

Bayern, Adalbert von: Die Herzen der Leuchtenberg. Geschichte einer bayerisch-napoleonischen Familie; München 1992

Fischer, Ernst und Kratzer, Hans (Hgg.): Unter der Krone. Das Königreich Bayern und sein Erbe; München 2006

Glaser, Hubert (Hg.): Wittelsbach und Bayern. Bd. I/1: Die Zeit der frühen Herzöge. Von Otto I. zu Ludwig dem Bayern. Beiträge zur Bayerischen Geschichte und Kunst 1180–1350; München, Zürich 1980

Glaser, Hubert (Hg.): Wittelsbach und Bayern. Bd. II/1.: Um Glauben und Reich. Kurfürst Maximilian I. Beiträge zur Bayerischen Geschichte und Kunst 1573–1657; München, Zürich 1980

Glaser, Hubert (Hg.): Wittelsbach und Bayern, Bd. III/1: Krone und Verfassung. König Max I. Joseph und der neue Staat. Beiträge zur Bayerischen Geschichte und Kunst 1799–1825; München, Zürich 1980

Glaser, Hubert: Wittelsbach. Kurfürsten im Reich – Könige von Bayern. Vier Kapitel aus der Geschichte des Hauses Wittelsbach im 18. und 19. Jahrhundert; München 1993

Haeutle, Christian: Genealogie des Erlauchten Stammhauses Wittelsbach von dessen Wiedereinsetzung in das Herzogtum Bayern (11. Sept. 1180) bis herab auf unsere Tage; München 1870

Holzfurtner, Ludwig: Die Wittelsbacher. Staat und Dynastie in acht Jahrhunderten; Stuttgart 2005

Hubensteiner, Benno: Bayerische Geschichte. Staat und Volk. Kunst und Kultur; München 18. Aufl. 1994

Körner, Hans-Michael (Hg.): Große Bayerische Biographische Enzyklopädie. Bde. 1–4; München 2005

Körner, Hans-Michael: Geschichte des Königreichs Bayern; München 2006

Kraus, Andreas: Geschichte Bayerns. Von den Anfängen bis zur Gegenwart; München 3. Aufl. 2004

Kraus, Andreas (Hg.): Handbuch der bayerischen Geschichte. Begründet von Max Spindler. Bd. 2: Das Alte Bayern. Der Territorialstaat vom Ausgang des 12. Jahrhunderts bis zum Ausgang des 18. Jahrhunderts; München 2. Aufl. 1988

Kraus, Andreas (Hg): Handbuch der bayerischen Geschichte. Begründet von Max Spindler. Bd. 3/3: Geschichte der Oberpfalz und des Bayerischen Reichskreises bis zum Ausgang des 18. Jahrhunderts; München 3. Aufl. 1995

Rall, Hans und Rall, Marga: Die Wittelsbacher in Lebensbildern; München 2005

Schad, Martha: Bayerns Königshaus. Die Familiengeschichte der Wittelsbacher in Bildern; Regensburg 1994

Schad, Martha: Bayerns Königinnen; München 2005

Schmid, Alois (Hg.): Handbuch der bayerischen Geschichte. Begründet von Max Spindler. Bd. 4/2: Das Neue Bayern. Von 1800 bis zur Gegenwart. Staat und Politik; München 2. Aufl. 2003

Schmid, Alois und Weigand, Katharina (Hgg.): Die Herrscher Bayerns. 25 historische Portraits von Tassilo III. bis Ludwig III.; München 2001

Schmid, Alois und Weigand, Katharina (Hgg.): Schauplätze der Geschichte in Bayern; München 2003

Schmid, Alois und Weigand, Katharina (Hgg.): Bayern mitten in Europa. Vom Frühmittelalter bis ins 20. Jahrhundert; München 2005

Schmid, Alois und Weigand, Katharina (Hgg.): Bayern nach Jahr und Tag. 24 Tage aus der bayerischen Geschichte; München 2007

Spengler, Karl: Die Wittelsbacher am Tegernsee; München 2. Aufl. 1970

Straub, Eberhard: Die Wittelsbacher; Berlin 1994

Volkert, Wilhelm: Geschichte Bayerns; München 3. Aufl. 2007

Weiß, Dieter J.: Kronprinz Ruprecht von Bayern. Eine politische Biographie; Regensburg 2007

Bildnachweis

Bayerisches Hauptstaatsarchiv, München, Geheimes Hausarchiv, Wittelsbacher Bildersammlung (W. B.):
Abb. 1: W. B. Kronprinz Rupprecht 156/158
Abb. 4: W. B. Kaiser Ludwig der Bayer 7/7
Abb. 5: W. B. Kurfürst Maximilian I. 27/28
Abb. 7: W. B. Kurfürst Max Emanuel 1/31
Abb. 8: W. B. Kurfürst Ottheinrich 19/19b
Abb. 9: W. B. Kurfürst Friedrich V. 31/31
Abb. 10: W. B. Kurfürst Karl Theodor 10/11
Abb. 11: W. B. Elisabeth, Kaiserin von Österreich 3/7
Abb. 12: W. B. König Max I. Joseph 23/27
Abb. 13: W. B. Ludwig I. von Bayern 26/31
Abb. 14: W. B. Ludwig II. von Bayern 61/80c

Verwaltung des Herzogs von Bayern, München: *Abb. 2*

Toni Sahm, München: *Abb. 3*

akg-images/Bildarchiv Monheim, Berlin: *Abb. 6*

Personenregister

Adalbert, Prinz von Bayern 83
Agnes, Gemahlin von Herzog
 Otto I. von Bayern 26
Agnes, Gemahlin von Herzog
 Otto II. von Bayern 27
Albrecht III., Herzog von Bayern-
 München 37
Albrecht IV., Herzog von Bayern
 37, 41
Albrecht V., Herzog von Bayern 20,
 39, 40, 44, 57
Albrecht, Herzog von Bayern 14,
 16, 18, 20, 83 f.
Albrecht Friedrich, Erzherzog von
 Österreich 83
Amalia Maria, Gemahlin von
 Kurfürst Karl Albrecht von
 Bayern 63
Amalie, Gemahlin von Herzog Max
 Emanuel in Bayern 84
Anna, Gemahlin von Pfalzgraf
 Philipp Ludwig 69
Anton Ulrich, Herzog von
 Braunschweig-Wolfenbüttel 68
Arco, Ludwig Graf von 80
Auguste Amalie, Gemahlin von
 Eugène Beauharnais 88
Auguste Wilhelmine, Gemahlin
 von Pfalzgraf Max Joseph 82, 88,
 90

Bacon, Francis 20
Barelli, Agostino 60
Baselitz, Georg 20
Beauharnais, Eugène, Herzog von
 Leuchtenberg 83, 90
Bebel, August 107
Bernauer, Agnes 37

Charlotte, Gemahlin von Kurfürst
 Karl Ludwig von der Pfalz 68
Christine, Königin von Schweden
 70
Christoph, König von Dänemark,
 Schweden und Norwegen 50
Clemens August, Kurfürst von Köln
 58, 71
Commendone, Giovanni Francesco
 57
Contarini, Gasparo 42

Dürer, Albrecht 49

Eck, Leonhard von 39
Eisner, Kurt 13, 21
Elisabeth, Gemahlin von Kurfürst
 Maximilian I. von Bayern 48
Elisabeth, Gemahlin von Pfalzgraf
 Rupprecht 37, 68 f.
Elisabeth, Gemahlin von Kaiser
 Franz Joseph I. von Österreich
 84 ff., 100
Elisabeth, Gemahlin von König
 Karl VI. von Frankreich 36
Elisabeth Charlotte, Gemahlin von
 Herzog Philipp von Orléans 68
Ernst, Herzog von Bayern-
 München 37
Ernst, Kurfürst von Köln 45, 57 f.

Faulhaber, Michael Kardinal von
 14
Ferdinand, Kurfürst von Köln 57 f.
Ferdinand II., römisch-deutscher
 Kaiser 52
Ferdinand, Prinz von Orléans,
 Herzog von Alençon 84

Ferdinand Maria, Kurfürst von
  Bayern 39, 50, 60
Ferdinand Maria, Prinz von Bayern
  und Infant von Spanien 83
Franz, Herzog von Bayern 11 f., 14,
  18, 20, 83
Franz I., römisch-deutscher Kaiser
  64
Franz I., Kaiser von Österreich 7,
  83
Franz V., Herzog von Modena
  83
Franz II., König von Sizilien 84,
  86
Franz Joseph I., Kaiser von Österreich 7, 84
Franz Ludwig, Kurfürst von Mainz
  und Trier 71
Franz Ludwig Joseph, Prinz von
  Bayern 78
Franz Karl, Erzherzog von Österreich 83
Friedrich II., Kurfürst von der Pfalz
  50
Friedrich III., Kurfürst von der
  Pfalz 51
Friedrich V., Kurfürst von der Pfalz
  51 f., 65, 68
Friedrich I., römisch-deutscher
  Kaiser 23, 26
Friedrich, Herzog von Österreich
  und Steiermark 32, 34
Friedrich III./I., Kurfürst von
  Brandenburg, König von Preußen
  62
Friedrich II., Markgraf von Meißen
  7
Friedrich August I./II., Kurfürst
  von Sachsen, König von Polen
  62
Friedrich August II., König von
  Sachsen 83
Friedrich Michael, Pfalzgraf 78
Friedrich Wilhelm IV., König von
  Preußen 7, 83

Garibaldi, Guiseppe 86
Georg, Herzog von Bayern-Landshut 36 f., 68
Georg I., König von England,
  vormals Kurfürst Georg Ludwig
  von Hannover 62
Giesebrecht, Wilhelm von 97
Gisela, Gemahlin von Prinz Leopold von Bayern 86
Gustav II. Adolf, König von
  Schweden 70

Hedwig, Gemahlin von Herzog
  Georg von Bayern-Landshut 36
Heinrich XII., Herzog von Sachsen
  und Bayern 23, 25
Heinrich XIII., Herzog von Bayern
  30
Heinrich XVI., Herzog von Bayern
  36
Helene, Gemahlin von Maximilian
  Anton Lamoral, Erbprinz von
  Thurn und Taxis 84
Henriette Adelheid, Gemahlin von
  Kurfürst Ferdinand Maria von
  Bayern 60
Hertling, Georg von 107
Hitler, Adolf 14, 16
Hoegner, Wilhelm 12
Huber, Kurt 18

Jacob I., König von Zypern 7
Jakob I., König von England 52
Jakob II., König von England 13
Johann I., Herzog von Bayern 31
Johann I., König von Sachsen 83
Johann Karl, Pfalzgraf 81
Johann Ohnefurcht, Herzog von
  Burgund 7
Johann III. Sobieski, König von
  Polen 63
Johann Wilhelm, Kurfürst von der
  Pfalz 68, 70 f.
Joseph I., römisch-deutscher Kaiser
  62

Joseph Clemens, Kurfürst von Köln 58
Joseph Ferdinand, Kurprinz von Bayern 62

Käutner, Helmut 98, 100
Karl, Prinz von Bayern 103 f.
Karl II., Kurfürst von der Pfalz 68
Karl der Große, Kaiser 63
Karl IV., römisch-deutscher Kaiser 32, 56
Karl V., römisch-deutscher Kaiser 63
Karl VI., römisch-deutscher Kaiser 63
Karl VI., König von Frankreich 7, 36
Karl IX., König von Schweden 70
Karl X., König von Schweden 70
Karl XI., König von Schweden 70
Karl XII., König von Schweden 70
Karl II., König von Spanien 62
Karl Albrecht, Kurfürst von Bayern, römisch-deutscher Kaiser (Karl VII.) 39, 63 f.
Karl August Christian, Pfalzgraf 78, 80
Karl August Friedrich, Pfalzgraf 80
Karl Ludwig, Kurfürst von der Pfalz 68
Karl III. Philipp, Kurfürst von der Pfalz 68, 71
Karl IV. Theodor, Kurfürst von Pfalz-Bayern 68, 76 ff., 80
Karl Theodor, Herzog in Bayern 84 f.
Karoline Friederike, Gemahlin von Max I. Joseph von Bayern 82
Kaulbach, Wilhelm von 84
Kiem, Pauli 18, 84
Klenze, Leo von 84
Konrad (Konradin), Herzog von Schwaben 24
Kreittmayr, Aloysius von 64

Leibniz, Gottfried Wilhelm von 68
Leopold, Prinz von Bayern 14, 86, 103 f.
Leopold I., römisch-deutscher Kaiser 62
Lichtenstein, Roy 20
Liebig, Justus von 97
Liselotte von der Pfalz, siehe: Elisabeth Charlotte, Gemahlin von Herzog Philipp von Orléans
Ludmilla, Gemahlin von Herzog Ludwig I. von Bayern 27
Ludovika, Gemahlin von Herzog Max in Bayern 83
Ludwig I., Herzog von Bayern 26 f., 30
Ludwig II., Herzog von Bayern 30
Ludwig IV. der Bayer, Herzog von Bayern, römisch-deutscher Kaiser 8, 30 ff., 34 f., 63, 65, 82, 95
Ludwig V., Herzog von Bayern, Markgraf von Brandenburg 34
Ludwig VII., Herzog von Bayern-Ingolstadt 35 f.
Ludwig VIII., Herzog von Bayern-Ingolstadt 36
Ludwig IX., Herzog von Bayern-Landshut 20, 36
Ludwig X., Herzog von Bayern 40 f.
Ludwig I., König von Bayern 7 f., 12, 20, 22, 80-83, 88, 91 f., 94-97, 101, 103, 106, 108
Ludwig II., König von Bayern 9, 82, 84, 98, 100–103, 105
Ludwig III., König von Bayern 13 f., 82 f., 86, 107 ff.
Ludwig III., Kurfürst von der Pfalz 50 f.
Ludwig IV., Kurfürst von der Pfalz 50
Ludwig XIV., König von Frankreich 62, 68 ff.
Ludwig III., Großherzog von Hessen 83

Ludwig, Prinz von Bourbon-Sizilien 84
Ludwig Wilhelm (geb. 1831), Herzog in Bayern 83 f.
Ludwig Wilhelm (geb. 1884), Herzog in Bayern 84
Luitpold, Prinzregent von Bayern 74, 82 f., 104–107
Luther, Martin 39–42
Lutz, Johann von 105

Mann, Golo 16
Mann, Thomas 105
Margarete, Gemahlin von Herzog/Kaiser Ludwig IV. dem Bayern 34
Maria Antonia, Gemahlin von Kurfürst Max Emanuel von Bayern 62
Maria Josepha, Gemahlin von Herzog Karl Theodor in Bayern 84
Maria Leopoldine, Gemahlin von Kurfürst Karl IV. Theodor von Pfalz-Bayern 80 f.
Maria Teresa, Gemahlin von Prinz Ferdinand Maria von Bayern 83
Maria Therese, Gemahlin von König Ludwig III. von Bayern 13
Maria Theresia, Kaiserin 64
Marie, Gemahlin von König Franz II. von Sizilien 84, 86
Marie Gabriele, Gemahlin von Kronprinz Rupprecht von Bayern 16
Mathilde, Gemahlin von Ludwig Prinz von Bourbon-Sizilien 84
Maximilian I., Kurfürst von Bayern 8, 22, 39 f., 45 f., 48 ff., 52, 54, 56, 58, 65, 91
Maximilian II., König von Bayern 82 f., 96 ff., 101 f.
Max, Herzog in Bayern 83 ff.
Maximilian I., römisch-deutscher Kaiser 37
Max Emanuel, Kurfürst von Bayern 20, 39, 60, 62 f., 71
Max Emanuel (geb. 1849), Herzog in Bayern 84
Max Emanuel (geb. 1937), Herzog in Bayern 84
Maximilian Heinrich, Kurfürst von Köln 58
Max III. Joseph, Kurfürst von Bayern 39, 64, 76
Max IV./I. Joseph, Kurfürst von Pfalz-Bayern, König von Bayern 76, 78, 80–83, 88, 90 f., 103
Montez, Lola 96
Montgelas, Maximilian Graf von 90 ff., 94

Napoleon I., Kaiser der Franzosen 73, 90 ff.
Nitker, Bischof von Freising 25

Ottheinrich, Kurfürst von der Pfalz 50, 64, 69
Otto II., Graf von Scheyern 25
Otto III., Graf von Scheyern 25
Otto I., Herzog von Bayern 23, 25 f., 30
Otto II., Herzog von Bayern 27, 30
Otto, König von Bayern 82, 105
Otto, König von Griechenland 83, 95 f.

Peter I., russischer Zar 70
Philipp, Kurfürst von der Pfalz 50
Philipp, Herzog von Orléans 68
Philipp Ludwig, Pfalzgraf 69
Philipp Wilhelm, Kurfürst von der Pfalz 68 ff.
Pistorini, Antonio 60
Pschorr, Joseph 90

Ranke, Leopold von 43, 98
Richter, Gerhard 20
Roland, Kardinal 26
Rubens, Peter Paul 69

Rudolf I., Herzog von Bayern/Pfalz
30 f., 50, 76
Rudolf II., Kurfürst von der Pfalz
65
Rupprecht, Kronprinz von Bayern
12 ff., 16, 18, 20, 22, 83, 104
Rupprecht I., Kurfürst von der
Pfalz 32
Rupprecht II., Kurfürst von der
Pfalz 50
Rupprecht III., Kurfürst von der
Pfalz 50 f., 65
Rupprecht, Pfalzgraf 37, 68 f.

Schwanthaler, Ludwig von 84
Sophie, Gemahlin von Herzog Karl
Theodor in Bayern 84
Sophie, Gemahlin von Ferdinand
Prinz von Orléans, Herzog von
Alençon 84
Spindler, Max 16
Stephan III., Herzog von Bayern-
Ingolstadt 35
Stephan, Pfalzgraf 51
Stephan, Herzog von Kroatien,
Dalmatien und Slavonien 7
Susanne, Gemahlin von Kurfürst
Ottheinrich von der Pfalz 69
Sybel, Heinrich von 97 f.

Therese, Gemahlin von König
Ludwig I. von Bayern 12

Therese, Prinzessin von Bayern
103 ff.
Therese Kunigunde, Gemahlin von
Kurfürst Max Emanuel von
Bayern 63
Thurn und Taxis, Erbprinz Maximilian Anton Lamoral von 84
Treitschke, Heinrich von 39, 73

Ulrich, Herzog von Württemberg 7

Verlaine, Paul 98
Vervaux, Johannes 48
Visconti, Luchino 98, 100

Wagner, Richard 100, 102
Warhol, Andy 20
Wenzel IV., König von Böhmen 7
Wilhelm IV., Herzog von Bayern
39-43, 69
Wilhelm V., Herzog von Bayern
39 f., 44 ff., 49, 57
Wilhelm, Pfalzgraf, Herzog in
Bayern 81
Wilhelm I., König von Preußen 106
Wilhelm I., König von Württemberg 7, 83
Wolfgang, Pfalzgraf 69
Wolfgang Wilhelm, Pfalzgraf 69
Wrede, Karl Philipp Fürst von 103

Zuccali, Enrico 60

Aus dem Verlagsprogramm

Handbuch der bayerischen Geschichte

Begründet von Max Spindler. Herausgegeben von Andreas Kraus, fortgeführt von Alois Schmid

Band 1: Das Alte Bayern
Das Stammesherzogtum bis zum Ausgang des 12. Jahrhunderts
Herausgegeben von Max Spindler.
2., überarbeitete Auflage. 1981. XXXVIII, 766 Seiten. Leinen

Band 2: Das Alte Bayern
Der Territorialstaat vom Ausgang des 12. Jahrhunderts bis zum Ausgang des 18. Jahrhunderts
Herausgegeben von Andreas Kraus.
2., überarbeitete Auflage. 1988.
XLII, 1398 Seiten mit 4 Stammtafeln. Leinen

Band 3.1: Geschichte Frankens bis zum Ausgang des 18. Jahrhunderts
Neu herausgegeben von Andreas Kraus.
3., neubearbeitete Auflage. 1997.
XXXIV, 1466 Seiten mit 3 Stammtafeln. Leinen

Band 3.2: Geschichte Schwabens bis zum Ausgang des 18. Jahrhunderts
Herausgegeben von Andreas Kraus.
3., neu bearbeitete Auflage. 2001. XXVII, 919 Seiten. Leinen

Band 3.3: Geschichte der Oberpfalz und des bayerischen Reichskreises bis zum Ausgang des 18. Jahrhunderts
Neu herausgegeben von Andreas Kraus.
3., neubearbeitete Auflage. 1995. XX, 391 Seiten. Leinen

Band 4.1: Das Neue Bayern. Von 1800 bis zur Gegenwart
Staat und Politik
Herausgegeben von Alois Schmid.
2., völlig neu bearbeitete Auflage. 2003. XXXIII, 1047 Seiten. Leinen

Band 4.2: Das Neue Bayern. Von 1800 bis zur Gegenwart
Innere Entwicklung und kulturelles Leben
Herausgegeben von Alois Schmid.
2., völlig neu bearbeitete Auflage. 2007. 789 Seiten. Leinen

Bayerische Geschichte im Verlag C.H.Beck
Eine Auswahl

Richard Bauer
Geschichte Münchens
Vom Mittelalter bis zur Gegenwart
2. Auflage. 2005
224 Seiten mit 85 Abbildungen,
davon 50 in Farbe. Gebunden

Hans-Michael Körner
Geschichte des Königreichs Bayern
2006. 214 Seiten mit 6 Abbildungen. Gebunden

Andreas Kraus
Geschichte Bayerns
Von den Anfängen bis zur Gegenwart
Geleitwort von Max Spindler.
3., erweiterte Auflage. 2004
837 Seiten. Leinen

Bernd Roeck
Geschichte Augsburgs
2005. 222 Seiten mit 60 Abbildungen,
davon 41 in Farbe. Gebunden

Dieter Schäfer
Geschichte Würzburgs
Von den Anfängen bis zur Gegenwart
2003. 189 Seiten mit 63 Abbildungen,
davon 27 in Farbe und 2 Karten. Klappenbroschur

Martin Schieber
Erlangen
Eine illustrierte Geschichte der Stadt
2002. 142 Seiten mit 61 Abbildungen,
davon 26 in Farbe und 2 Stadtplänen. Klappenbroschur

Bayerische Geschichte im Verlag C.H.Beck
Eine Auswahl

Alois Schmid
Katharina Weigand (Hrsg.)
Bayern – mitten in Europa
Vom Frühmittelalter
bis ins 20. Jahrhundert
2005. 480 Seiten mit 1 Stammtafel. Leinen

Alois Schmid
Katharina Weigand (Hrsg.)
Bayern nach Jahr und Tag
24 Tage aus der bayerischen Geschichte
2007. 480 Seiten mit 9 Abbildungen. Gebunden

Alois Schmid
Katharina Weigand (Hrsg.)
Die Herrscher Bayerns
25 historische Portaits von Tassilo III. bis Ludwig III.
Sonderausgabe
2. Auflage. 2006
447 Seiten mit 4 Karten und 8 Stammtafeln. Pappband

Alois Schmid
Katharina Weigand (Hrsg.)
**Schauplätze der Geschichte
in Bayern**
2003. 496 Seiten mit 1 Karte. Leinen

Wilhelm Störmer
Die Baiuwaren
Von der Völkerwanderung bis Tassilo III.
2. Auflage. 2007
128 Seiten mit 5 Abbildungen
und 3 Karten. Paperback
(C. H. Beck Wissen in der Beck'schen Reihe Band 2181)

C.H.BECK ■ WISSEN
in der Beck'schen Reihe

Zuletzt erschienen:

2218: Schmid, **Mozarts Opern**
2219: Brügge, **Jean Sibelius. Symphonien und symphonische Dichtungen**
2451: Hochgeschwender, **Der amerikanische Bürgerkrieg**
2457: Moosbauer, **Die Varusschlacht**
2458: Körner, **Die Wittelsbacher**
2459: Zwickel, **Das Heilige Land**
2460: Markowitsch, **Das Gedächtnis**
2461: Alter, **Die Windsors**
2462: Burkhardt, **Deutsche Geschichte der Frühen Neuzeit**
2463: Gerhard, **Frauenbewegung und Feminismus**
2464: Trabant, **Sprache**
2465: Hedderich, **Burnout**
2466: Maier, **Die Druiden**
2467: Meyer-Zwiffelhoffer, **Imperium Romanum**
2468: Werner-Jensen, **Joseph Haydn**
2469: Strohm, **Johannes Calvin**
2470: Möllers, **Das Grundgesetz**
2472: Sarnowsky, **Die Templer**
2473: Anz, **Franz Kafka**
2474: Edler, **Robert Schumann**
2475: Ehlers, **Der Hundertjährige Krieg**
2476: Kolb, **Bismarck**
2477: Mai, **Die Weimarer Republik**
2478: Nußberger, **Das Völkerrecht**
2479: von der Oelsnitz, **Management**
2480: Roelcke, **Geschichte der deutschen Sprache**
2503: Schwarz, **Giotto**
2505: Zöllner, **Botticelli**
2554: Reudenbach, **Die Kunst des Mittelalters I: 800 bis 1200**
2555: Niehr, **Die Kunst des Mittelalters II: 1200 bis 1500**
2560: Schneede, **Die Kunst der Klassischen Moderne**
2561: Ursprung, **Die Kunst der Gegenwart**
2571: Brinker, **Die chinesische Kunst**
2604: Hahn, **Geschichte Brandenburgs**
2609: Hauptmeyer, **Geschichte Niedersachsens**
2610: Nonn, **Geschichte Nordrhein-Westfalens**
2612: Behringer/Clemens,